1着＝300円からの
古きもので作る

世界にひとつだけの洋服と小物

吉田三世

はじめに

きものリメイクは、家にたくさんのきものがあって、もう着ることがないのに手放すに忍びない……そんな人が仕方なくやること、と思っていませんか？

とんでもない！　きものは唯一無二。世界でたったひとつだけ、あなただけの作品を作ることができる素材なのです。

おうちのタンスに古いきものが眠っているという方、ぜひ、それを引っ張り出してみてください。

そんなきものは持っていない、という方は、古きもの店や骨董市をおとずれてみてはどうでしょう。

行ってみるとわかりますが、こんなに素敵なきものが、こんなお値段でいいの？　と絶対に驚くはず。私が実際に買ったきものでも、1着300円くらいのものや、1000円で詰め放題なんてものもありました。

もちろんもっと高価なものもありますが、洋裁店でシルクの布地を手に入れようと思ったら、1メートル何千円もしますよね。それを考えたら安いものです。

日本の伝統の技術が詰まったきものは、本当に素敵。正絹（しょうけん）の肌触りは格別ですし、手に取れば、その上質さが実感できるでしょう。きものの模様にも注目してほしいものです。日本のきものの意匠を考える、職人さんの感性にも感動します。

気に入ったきものがあれば、即買って帰ることをおすすめします。なぜなら、いいものはすぐになくなってしまうから。何にリメイクするかは、それからのお楽しみです。

本書では、私なりのきものを「選ぶコツ」もお伝えしました。ご紹介する作品の作り方はごく簡単。きものだからこその、作りやすいアイデアもたくさん盛り込みました。

ぜひ、あなただけの洋服や小物を作ってみてください。

Contents

この本について

●本書で紹介している作品のデザイン・作り方は著者オリジナルのものです。
●本書では、きもの地の布幅をそのまま活かして作品を制作するため、基本的に型紙はありません。型紙が必要なところだけ実物大型紙を付けています。
●作り方動画はライブ感を大切に制作しているため、本書の作り方と少し違うところもございます。
●本書に掲載している作品の販売展示について、個人の手作りの範囲で小ロットの商用利用は可能です。その際は「Diy Soho 手作り倉庫のデザインを使用していること、本書名の記載」をお願いいたします。
●型紙、記事の無断転載、作り方自体を販売することは禁止します。

第1章

古きものの選び方

洋服の布地では見かけることのない色や柄、素晴らしい職人技や、肌触りのよさ。
古きものは、手作りの素材として最高です。
リメイク用のきものを選ぶコツをお伝えします。

宝の山から自分だけの素材を選び出す楽しみ

古きもの店や骨董市から買い求めてきた古きものたち。付け下げや小紋(こもん)、浴衣(ゆかた)や襦袢(じゅばん)、袋帯や名古屋帯などなど、いろんな種類の古きものを集めました。

お店に行って、「素敵だなー」「質のいい生地だなー」「かわいい模様だなー」「美しいなー」「これで○○を作りたい」などと、感じたきものを買ってきました。

何をどんなお洋服にするか、イメージはいろいろ広がります。素材の質によって、模様によって、ブラウスにいいなとか、ワンピースにしたら素敵だろうとか、パンツにして軽快にはこうとか。作る作業に入る前に、こんなふうに、思い描く時間が楽しいものです。

すごく派手な模様のものは、それのみで作ると、着るのに躊躇(ちゅうちょ)するかもしれません。でも地味なものと組み合わせることによって、素敵になったりします。地味なものは、ブラウスにすると、着やすいものになったりします。

どんな古きものと出会うかは、そのときそのときの一期一会。すごく素敵な模様だと思ったときには、買っておくことをおすすめします。おそらく二度と出会うことはない模様だからです。それをどんな洋服に生かしていくか。思いめぐらして楽しみましょう。

今回の本の制作中、買い集めた古きもの。
作品にしたもの、しなかったもの、いろいろあります。

選ぶコツ1

失敗しにくいのは小紋

写真上　小紋の古きもの。花模様、縞模様や扇模様。

写真下　小紋で作った「ボートネックのシンプルワンピース」（作り方38ページ）と「袖フリルのブラウス」（作り方54ページ）。きものの分量では派手だと思う柄も、トップスとして使うと着こなしのポイントになる。

小紋は洋服地でいったらプリント柄のようなもの。きもの全体に模様が入っています。

小紋は主に型染めによるもので、同じ模様を繰り返し染め上げています。大きな模様から、近づかないとどんな模様なのかわからないくらいの繰り返し模様のものまでさまざま。全体にまんべんなく柄のあるものも、飛び飛びに配置されたものもあります。

小紋のきものはカジュアルなものが多いので、リメイクも気軽にしてみましょう。洋服のプリント生地と同感覚で考えてみるとよいかもしれません。ブラウスでも、ワンピースでも、パンツでも作れそうです。一見派手すぎる、または地味すぎる色使いでも、洋服にすると素敵なものに変わったりするので、いろいろ試してみるとよいでしょう。

私は小紋の模様も大好きです。絵柄には、縁起物の柄から動植物までさまざまあります。

梅の花や桜、菊の花、動物なら蝶やトンボ、千鳥や鶴。自然を用いた波や雪、月など。あるいは、麻の葉模様や、市松模様、七宝、唐草などさまざまですが、それらが意外性のあるデザインにまとめあげられ、とても楽しめます。日本のデザイナーさんはすごいなといつも感心するのです。

選ぶコツ2

無地は色さえ気に入れば万能

左　ブルーの色無地で作った「ジャンパースカート」（作り方70ページ）は一見デニムのような雰囲気。
右上　白大島紬の「袖フリルのブラウス」（作り方54ページ）
右下　万能色、黒の「Vネックのブラウス」（作り方50ページ）

無地のものは、ほかのアイテムと組み合わせるときに重宝します。白や黒のブラウスなどあると、柄物で作った服も合わせやすくなります。

無地のきものでは、色無地が使いやすいので、おすすめです。綸子（りんず）や縮緬（ちりめん）、絽（ろ）などの白生地を、単色に染めたものです。

たいがい地紋がありますが、地紋の織られていないきものを探してみましょう。地紋がないほうがリメイクしやすいと思います。地紋が織られているものでも、幾何学模様だったり、作る洋服のイメージを邪魔しない模様のものが、利用しやすいのではないでしょうか。

写真右上のブラウスは、色無地ではなく、白大島紬で作りました。白大島紬はやわらかな上に張りがあって、優しい感じに仕上がりました。紬にも無地のきものがありますし、無地の縮緬も素敵なものがあるので、ぜひ探してみてください。

胴裏（どうら）や八掛（はっかけ）、襦袢などにも、無地の生地が使われているので、リメイクしてみたらよいと思います。八掛は、日本の伝統色的な微妙なニュアンスの色のものがあるので、気にしてみるとよいでしょう。

選ぶコツ3

人気の紬や銘仙は気に入ったら即買い

銘仙は絣と呼ばれる平織りの絹織物。経糸の色と緯糸の色がずれているのが特徴です。

もともとは縞や絣模様が多かったのが、大正から昭和にかけて大流行し、西洋芸術の影響もうけて、モダンな図柄のものが出回って、女子学生などに人気を博していました。

いまでも銘仙ファンは多いものです。それは大正ロマンの薫りが漂う魅力といえますね。色のコントラストが美しく、模様も現代的。花模様のものも多いですが、三角や円などの幾何学模様を上手に使っています。

同じきものとは二度は出会えないので、気に入ったら買っておきたいものです。

矢羽根、矢絣は縁起物として多く見かけます。ワイドパンツにしたら合いそうです。

井桁柄の絣も人気があります。黒地でかわいいですね。やはり日本らしい模様ですから、柄の大きさや色合いが気に入ったら買っておきましょう。どんなふうに柄を生かして洋服にするかは、まだ考え中です。

紬は日本全国各地で織られています。産地ごとに特徴があり、大島紬、結城紬などは人気が高いです。ほかに塩沢紬、小千谷紬、信州紬、上田紬、久米島紬などがあります。

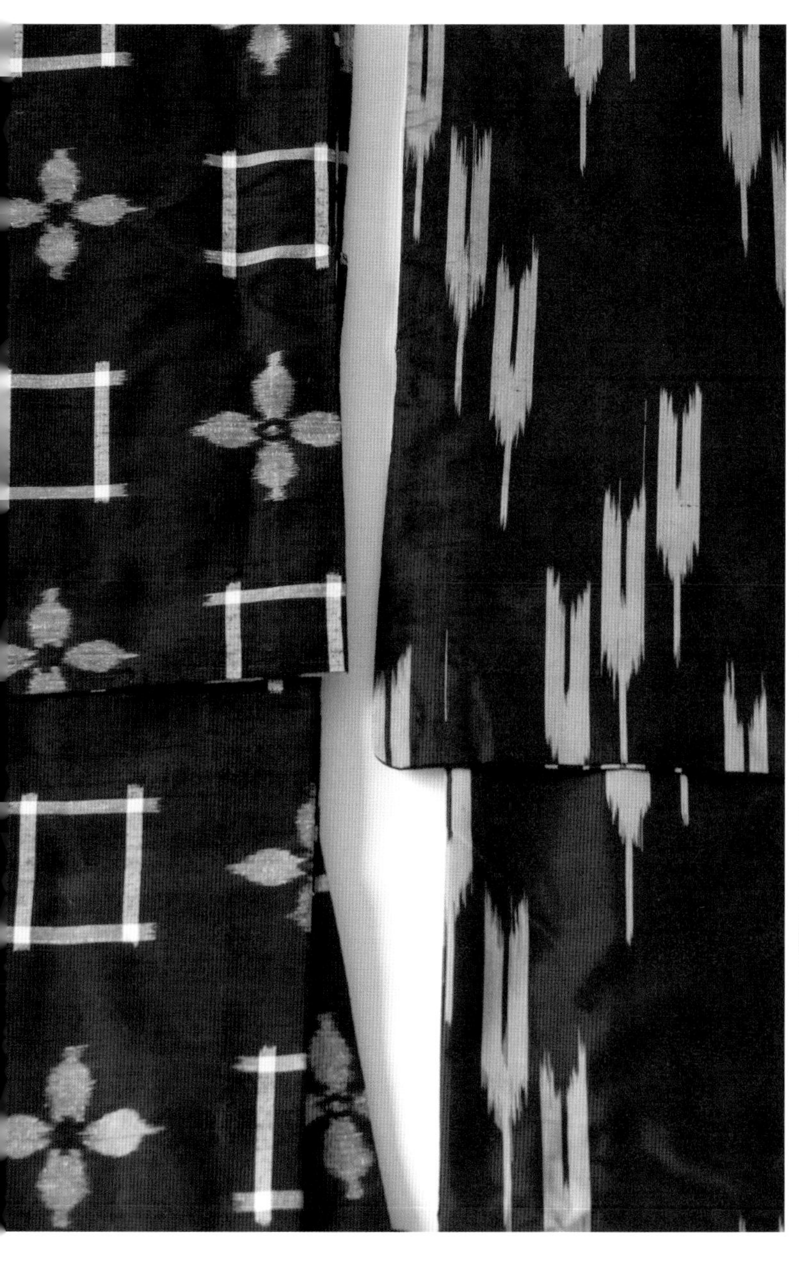

写真右　黒地の銘仙。74ページの「ギャザーワンピース」と、36ページで持っている「リバーシブル巾着」（作り方102ページ）を作りました。
写真左　矢羽根と黒地の井桁柄。どちらもレトロなかわいらしさに惹かれて購入。

選ぶコツ4

男物・襦袢・羽織など掘り出し物が見つかることも

右の女性ものの襦袢は、しつけ糸がついているので、一度も袖を通していない新しいもののようです。襦袢や羽織は、さらに安価なものも多いので狙い目です。

お店に行って見落としがちなのが、男物や、襦袢など。やはり女性のきものに目がいきますし、襦袢コーナーまでは、なかなか探してみないものです。ですが、意外と掘り出し物があるのがこちら。

男物のきものは紬など素材のよいものが多く、細かな模様なので、コートやパンツにすれば素敵なものになります。

余談ですが、江戸時代、幕府は贅沢を禁止していましたが、男性たちはなんとかおしゃれをしようと、長襦袢や羽織の裏に豪華な絵柄をしのばせて着るのが流行ったそうです。それを競い合ったといいますし、裏側のおしゃれが粋だと考えられていたそうです。

写真は襦袢です。右の女性ものは柄がかわいいなと思って買いました。左の男ものの襦袢はモスリンで、細かな模様がとてもしゃれていました。亀甲の中に小花の模様。ブラウスとパンツができそうです。男ものの襦袢は、案外、掘り出し物が見つかることが多いです。女性ものの襦袢は、バッグの内布などにしてもよいですね。

羽織も見落としがちです。羽織には裏に布がたくさん折り込んであるので、ほどいて使うにはお買い得。絞りのものや、模様のかわいいものがあるので見てみてください。

高価な付け下げは柄をどう使うか考える

模様が凝っていて高価な付け下げ。
どう生かすか、すごく考えました。
右下の刺しゅう部分は、色が染み
出してしまって残念ながら使えま
せんでした。

ベージュのおしゃれな付け下げを手に入れました。肩、裾に流れるような模様が入り、ところどころに絞りも入っています。前身頃の裾にはお花の刺しゅうも入っていました。もちろん正絹（しょうけん）で肌触りも気持ちがいいです。

付け下げは、仕立てたときに模様が肩山、袖山を頂点に、前身頃、後ろ身頃の両面に上向きに配置されるように染められたきもののこと。訪問着よりも模様が控えめで、幅広く着られるものです。

今回この付け下げを「ケープ袖のワンピース」にリメイクしました。流れる模様をなるべく使うように、前ヨークから後ろ身頃へ、長い布を使っています。おかげで個性的なワンピースに仕上がりました。

ポケットの位置も手を入れやすいように調整し、程よい位置にしました。ポケット口には模様部分の布地を用い、違和感なくアクセントになるよう工夫しています。

付け下げの模様は、そのきものごとに違います。柄をどう使うか、じっくり眺めて、きものと相談しましょう。

このかわいい刺しゅうは、洗ったら、周りに色が染み出してしまいました。刺しゅうは洗うと縮んだり、色が出てしまうことが多いので要注意です。

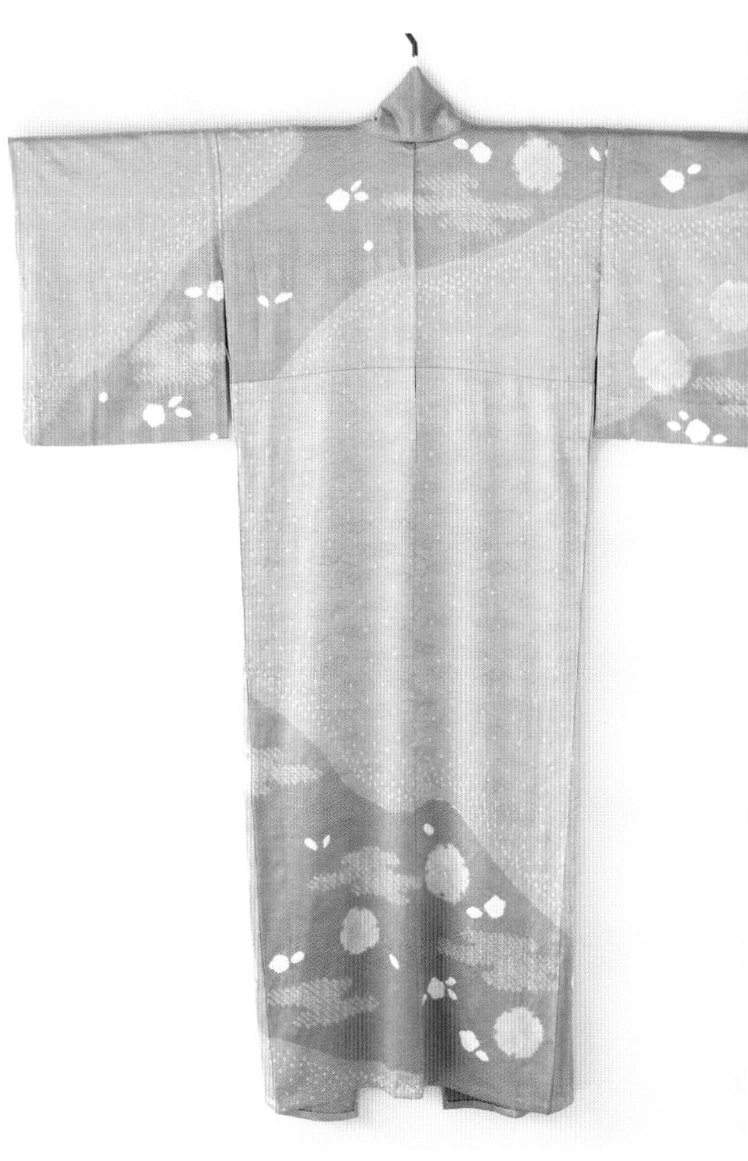

選ぶコツ6

小物を作るなら帯が便利

古きもの店では帯も格安で手に入ります。素敵な帯がたくさんあるので、探してみましょう。

帯にもいろんな種類があります。まず、礼装に使われるのが袋帯。袋帯は表側に柄が入り、裏側は無地ですが、柄も全体に入っているものと、6割程度に入っているものとがあります。袋帯には帯芯が入っています。

大正時代に考案されたという名古屋帯があります。張りのある織りのもので、芯を入れないものと、芯を入れる薄手の生地のものとあります。

その他、兵児帯、半幅帯、博多帯などがあります。兵児帯は男物として、または子ども用に。半幅帯、博多帯などは、夏の浴衣の装いに用いられます。

今回、写真右端のトンボの絵の帯でトートバッグを作りました（96ページ）。トンボの絵がすごく気に入り、うまく生かすことができてよかったです。これは夏帯ですが、帯の裏の黄色の布地をバッグのマチに使い、とてもよいコントラストに仕上がりました。

袋帯の帯芯は、いいものですと帆布のようで、帆布より縫いやすいので、バッグなどに最適です。今回も帯芯をエコバッグに使用しました（93ページ）。

右から夏帯、兵児帯、袋帯、名古屋帯。しっかりした織りなので、私はよくバッグを作るときに使います。裏地がなくても丈夫な仕上がりになります。

選ぶコツ7

絽（ろ）や紗（しゃ）、特徴的な素材も使い方次第

夏きものに使われる「絽（ろ）」は、透け感があって素敵な素材です。絽は、2本の経糸（たていと）をよじりながら緯糸（よこいと）と織り込むので、よじったところにすき間ができ、そこが透けた感じに見えるのです。やや固めな肌触りで、肌にまとわりつかず、夏に着るのに適したきもの地です。

絽より透け感があるのが「紗（しゃ）」。紗は2本の経糸で緯糸1本ずつをからめて織ります。かざして見ると、向こうが透けて見えるのがわかります。

オーガンジーやレース生地を重ねたドレスがありますが、紗や絽も同じように活用できます。

凝った模様の羽織地を本体にし、上から紗の生地を重ねてスカートにしました。うすく透ける模様が素敵ですし、たまたま手に入れたこの紗の生地は、特に裏地が赤く見えるような織り方をしているので、布地が動くたびに、いろいろな表情を見せてくれます。

絽は帯にもよく用いられていて、夏帯として使われています。この本では、夏帯をエコバッグにリメイクしているので（92ページ）、そちらも参考に。

特徴的な素材は、その特徴を生かす工夫を考えてみるとよいでしょう。

派手な模様に紗を重ねて、うすく透けて見えるスカートを考えました。下を無地にしたり、紗の色を変えれば全く違う表情のスカートになります。
この紗の布地は、裏が赤く織られていました。

こんな布を見つけたら

本場大島紬の旗印

古きもの店では、反物も売りに出されています。大島紬の反物を見つけたら、買っておくのがよいでしょう。大島紬は人気があります。本場大島紬は産地認定の証明となる「旗印」が貼られているのでよくわかります。これは日本の旗の印ですが、ほかに地球印、鶴印があります。また、手織りのものには、経済産業省認可の伝統マークがついているものもあります。手織りか機械織りかで印が違っています。

大島紬は、洗っても縮まず、軽くて薄手で縫いやすいので、リメイクに向いています。張りもあるので、コートにもワンピースにも、パンツなどにも作りやすいです。

写真上　左の反物についているのが、本場大島紬の旗印の紙。リサイクルショップなどでも反物があるかチェックを。

写真下　高価な間道裂。端切れなので小物作りに。

端切れでも高価な「間道（かんどう）」

右下の写真の茶色の端切れは、京都東寺弘法市で見つけた「間道裂（かんどうぎれ）」です。縦縞、横縞、格子縞などの模様のもので、室町時代ごろ中国やインドなどから入ってきた縞模様のきれを名物ぎれといい、千利休が茶道具を間道を用いた袋に入れたことから、茶道具などを入れるのに用いられるようになったといいます。

なかなか手に入らず高価なものです。お茶碗の格と、それを収める袋の格は同じでなくてはいけないという考え方で今日にも伝わっています。

どれも複雑な手の込んだ縞模様で、美しい模様です。今回は、この布を使ってリバーシブルの巾着を作りました（100ページ）。

縞模様を縦使いにしてもいいですし、横使いにしてもいい。どちらもかわいい仕上がりになりました。

右ページの写真の間道裂を、リバーシブル巾着にしてみました。縞模様を縦使い、横使いにすることで違った表情に。

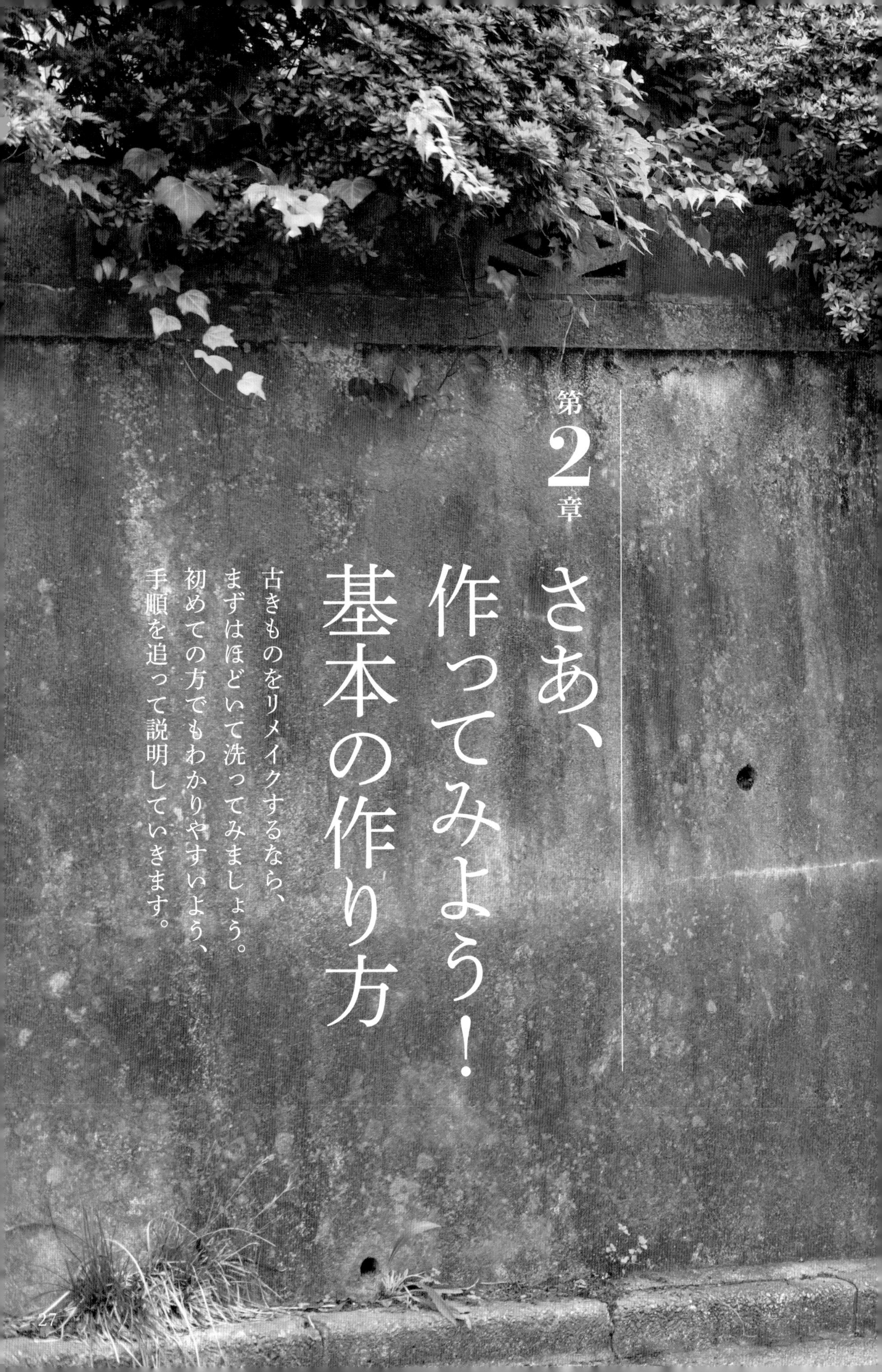

第2章

さあ、作ってみよう！基本の作り方

古きものをリメイクするなら、まずはほどいて洗ってみましょう。初めての方でもわかりやすいよう、手順を追って説明していきます。

きもののしくみ

きものには袷（あわせ）と単（ひとえ）とがあります。袷は裏地のついたきもので、10月から5月まで着るもの、単は裏地がなく初夏から秋にかけて着るものです。袷の裏地には、胴部分には胴裏、裾部分には八掛（はっかけ）が使われます。八掛はきものと同系色のものが多く用いられますが、反対色や柄のあるものを用いて趣向をこらすこともあります。きものは各パーツで特有の呼び名があるので、知っておくとよいでしょう。

きものの各部の呼び名（袷（あわせ））

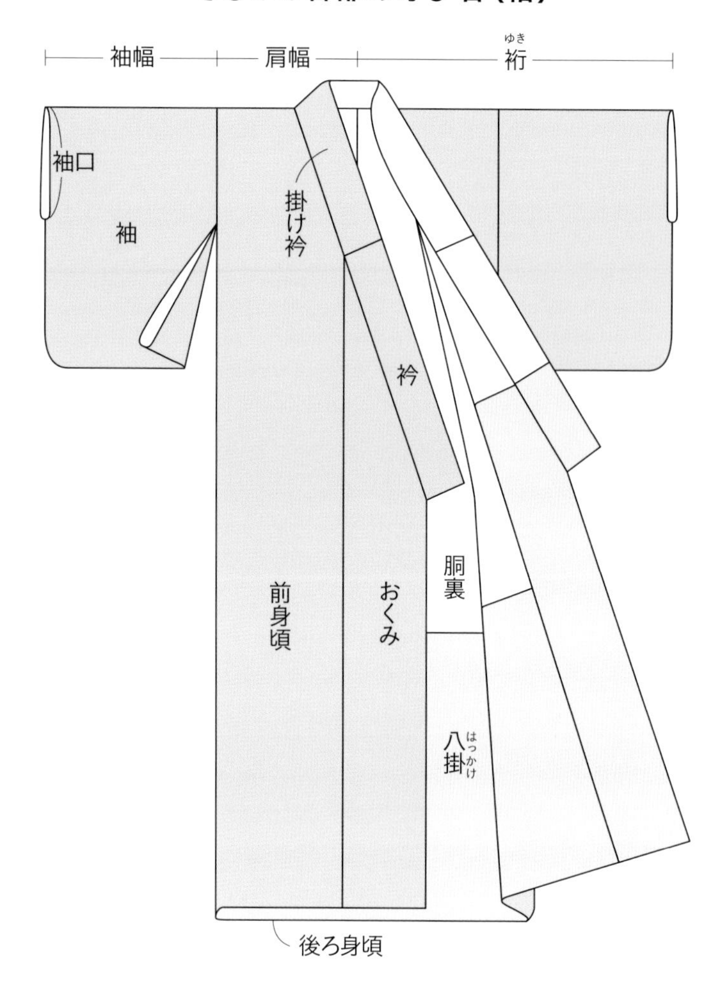

羽織の各部の呼び名（袷（あわせ））

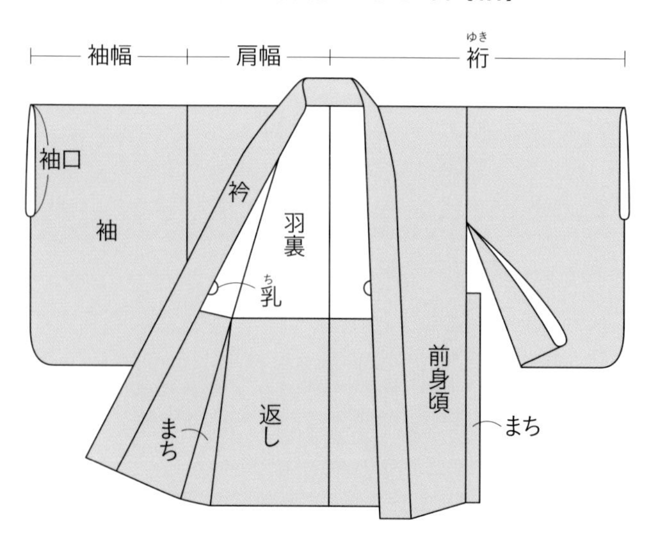

ほどいたきもの地の寸法

きものはひとつの反物から必要なパーツを直線裁ちし、直線的に縫い合わせて1枚のきものに仕立てます。きものをほどくと、縫う前の裁断した状態に戻り、染め直すなどしてもう一度仕立て直すこともできるのです。本書でほどいたきものを例に、きもの地の寸法をご紹介します。洋服地の110cm幅と比較してみると、きもの1着に、たくさんの布地が使われていることがわかります。

※きもの地の幅は36cmが多いですが、きものによっては36〜40cmのものもあります。各パーツの寸法もきものによって違います。

よく使う道具

裁縫道具は使い慣れたものを使うとよいでしょう。

定規・ものさし

寸法を測る、縫い代をつけるなどに使います。

糸切りばさみ

糸を切るときに使います。

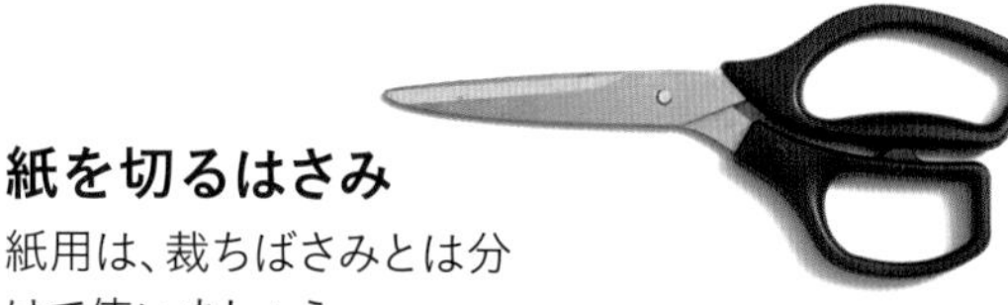

紙を切るはさみ

紙用は、裁ちばさみとは分けて使いましょう。

リッパー

リッパーは縫い目の糸を切るときに使います。

裁ちばさみ

布を裁つときに使います。

ゴム通し

ウエストにゴムを通すときに使います。

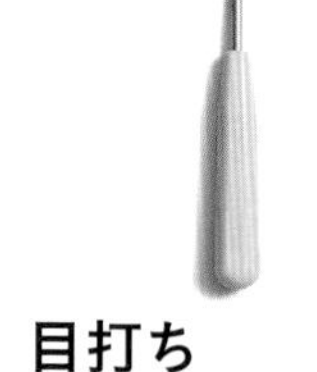

目打ち

糸をほどく、角を整えるのに使います。

手縫い針

手縫いするときに使います。

まち針

合わせた布がずれないように、まち針でとめておきます。

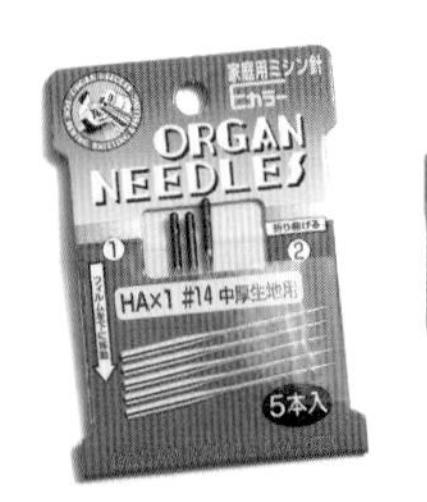

ミシン針

ミシン用の針。この本では中厚生地用を使いました。

ミシン糸

布地に合わせた色の糸を使いましょう。

ピンクッション

作業中に一時的に針を刺しておきます。

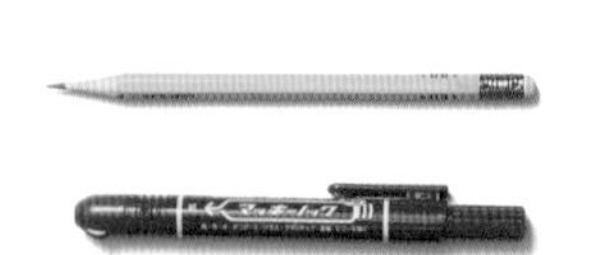

油性ペン・えんぴつ

印つけなどに使います。

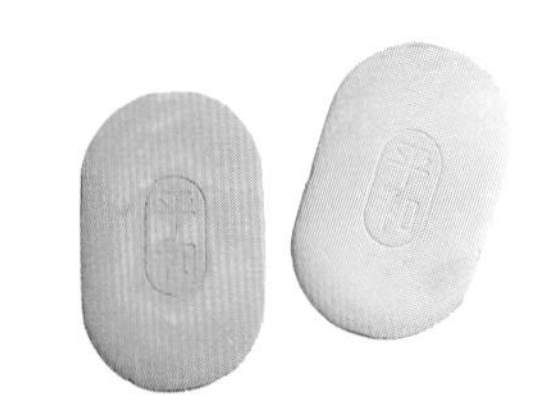

チャコ

布地に印をつけるときに使います。

ウエイト

布に型紙をのせてウエイトで固定します。

基本の用語と縫い方

本書でよく出てくる基本の用語と縫い方です。

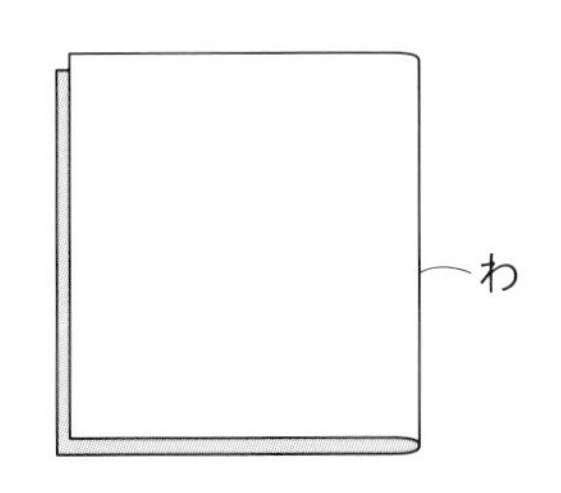

縫い始め、縫い終わり

縫い始めと終わりは、1cmほど重ねて返し縫いする。

わ

布地を二つに折ってできる部分を「わ」という。

中表と外表

布地の表どうしを向かい合わせることを「中表」、裏どうしを向かい合わせることを「外表」という。

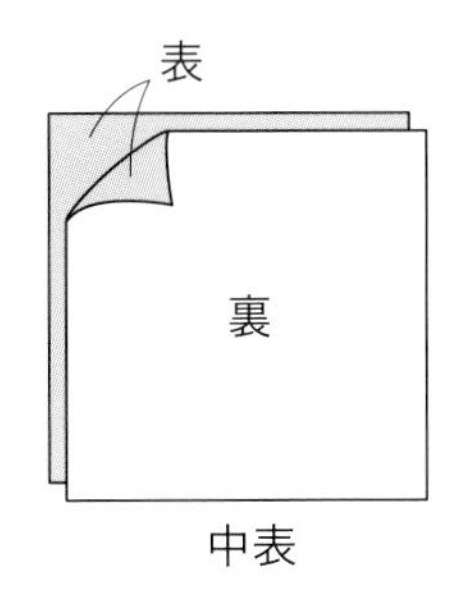

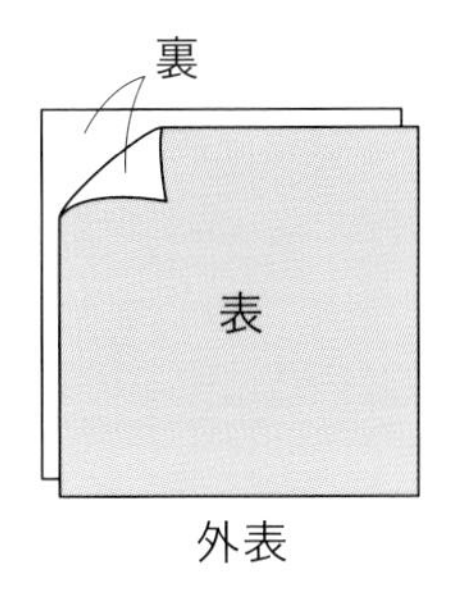

三つ折り

でき上がり線で一度折り、さらに布端を内側に入れて折る。

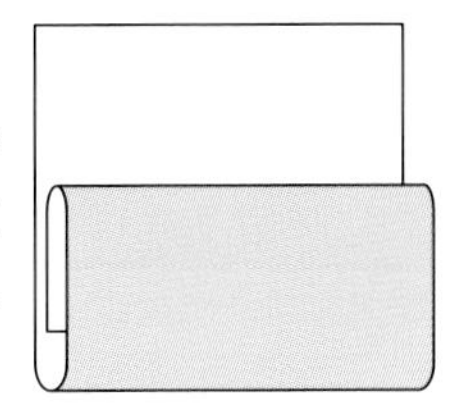

二つ折り

布を二つに折る。

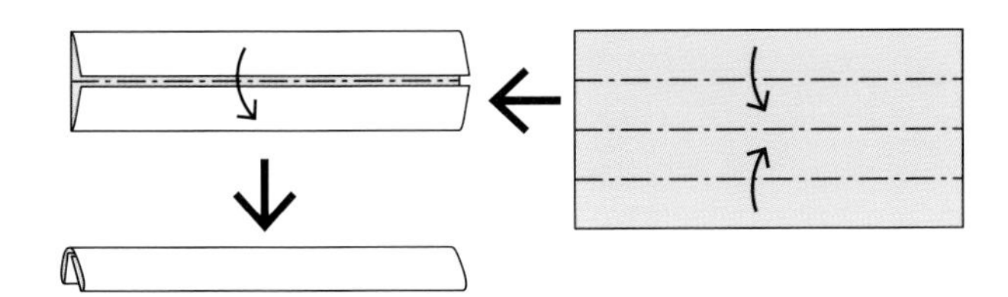

四つ折り

布の両端を中心に合わせて折り、さらに中心で折る。

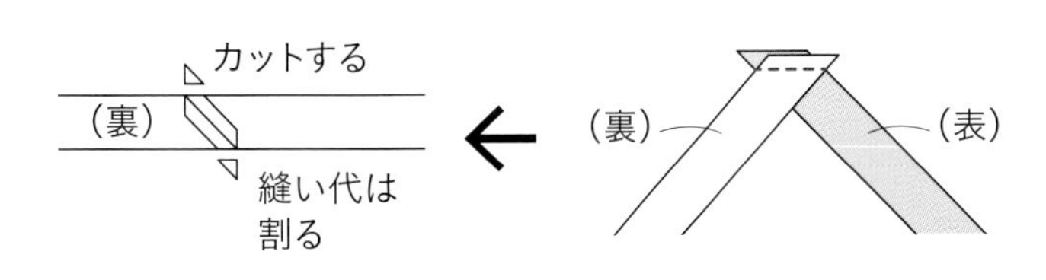

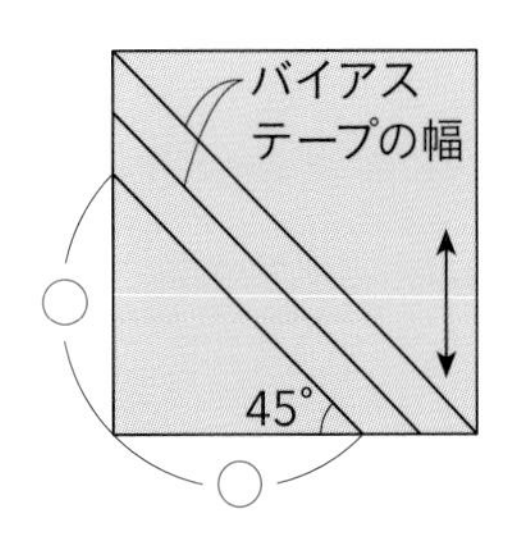

バイアステープのはぎ方

2枚のバイアステープを中表に直角に合わせて縫う。縫い代を割り、余分な縫い代をカットする。

バイアステープの作り方

布目に対して45度の角度で必要な布幅にカットする。

きもののほどき方

古きものをリメイクするには、まずほどいて洗いましょう。ほどくときは、仕立て順と逆の順にほどくとよいでしょう。

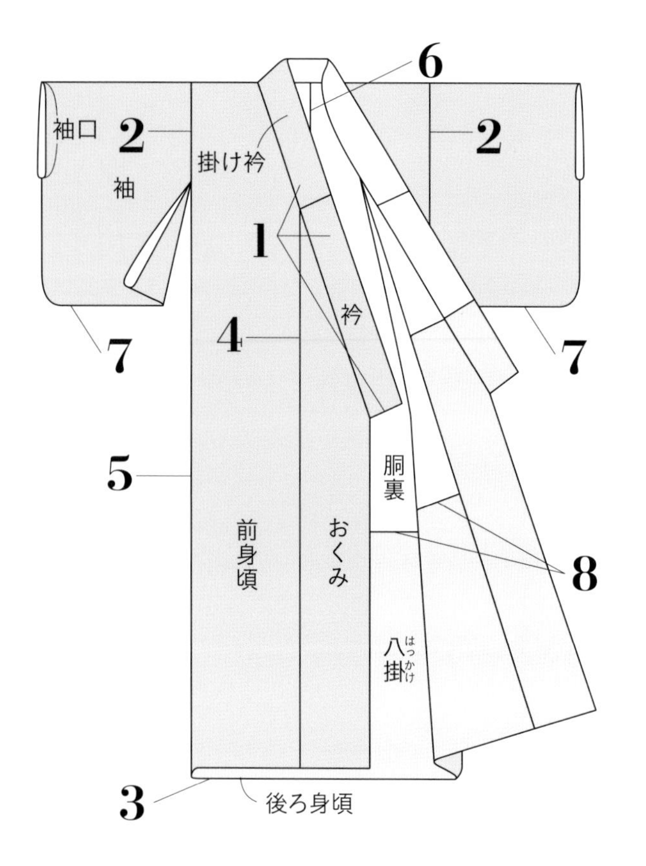

きものをほどく順序

1 衿、掛け衿を外す。
2 袖を外す。
3 裾をほどき、表布と裏布を外す。
4 おくみを外す。
5 脇をほどく。
6 背をほどく。
7 袖をほどく。
8 八掛をほどく。

ほどく道具

リッパーと目打ちを使うと便利

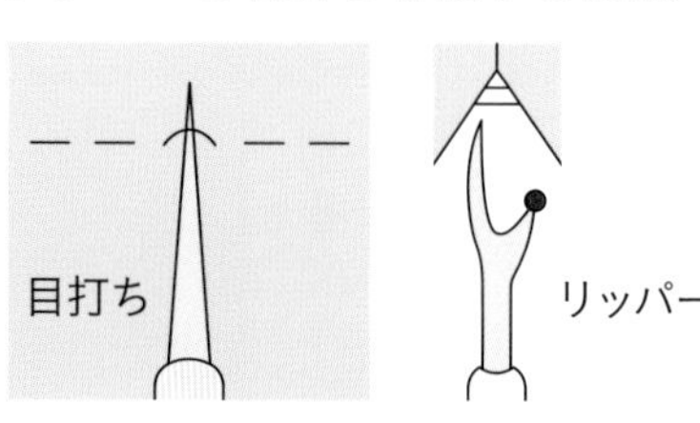

リッパーを縫い目に差し込み、糸を切ります。
目打ちで糸を抜いていきます。

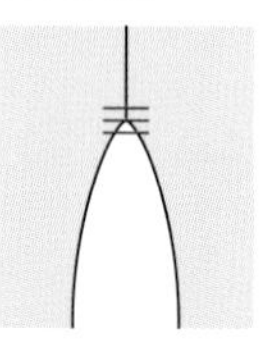

袖口、袖つけ止まりなどは、返し縫いをしてあるので、丁寧に糸を切ります。

帯芯

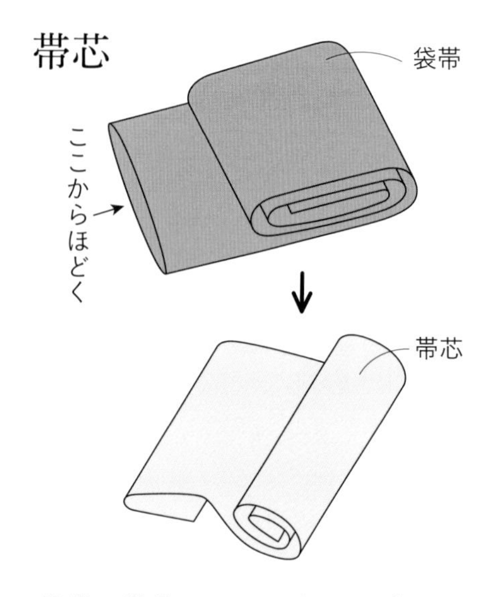

袋帯の帯芯は、バッグなどを作るのに向いています。帯の端から糸をほどいて、長い縁の糸をほどき、帯芯を取り出します。きもの地と同様に洗います。

ほどいたきものの洗い方

きもの地によっては、洗うと縮んだり色落ちする場合があるので、布の端で試し洗いをするとよいでしょう。

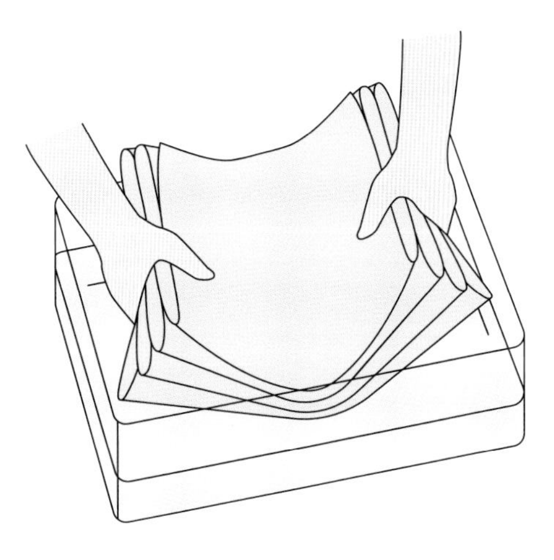

①ほどいた布を屏風畳みのように畳んで重ね（小さいものは間に挟み）、水に中性洗剤を少し入れて、ほどいた布をつけて洗います。

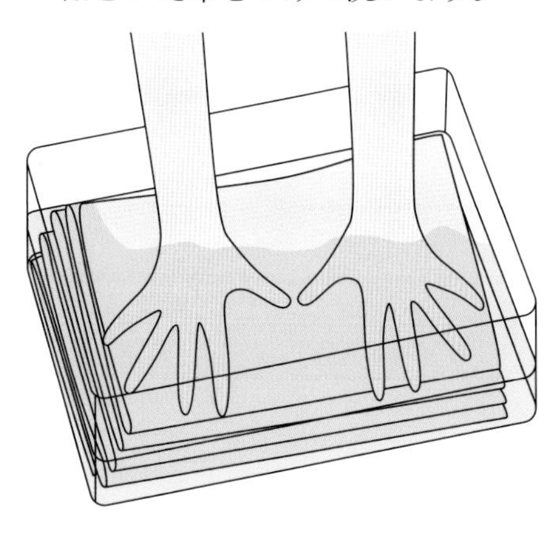

②しっかり洗剤がしみ込むように押し洗いします。水を替えて、3回ほどすすぎます。

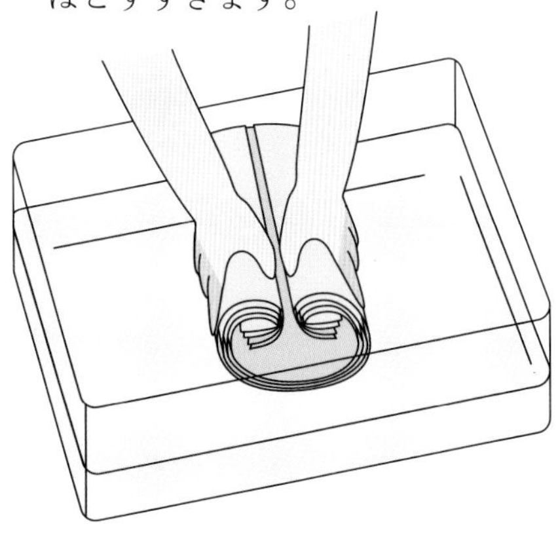

③丸く持ち上げて絞ります。

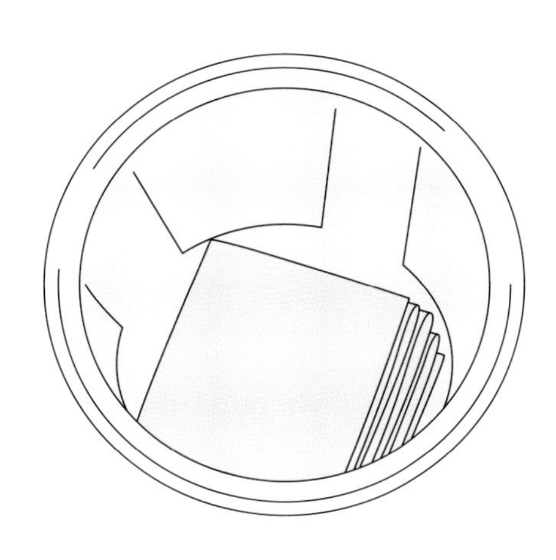

④洗濯機に平らに入れて、3分ほど脱水します。

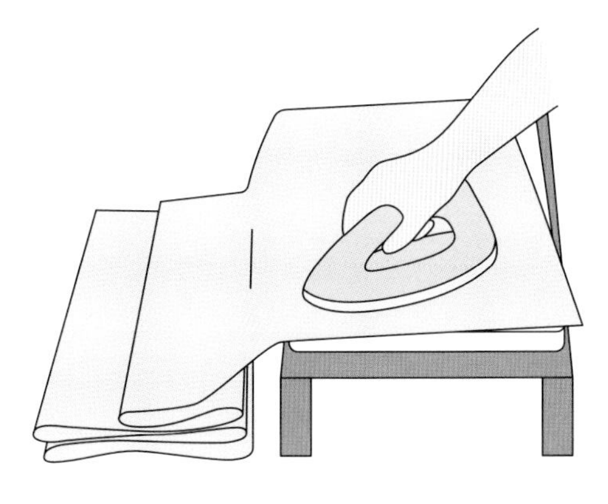

⑤脱水後、中温のアイロンをかけ、しわをのばします。

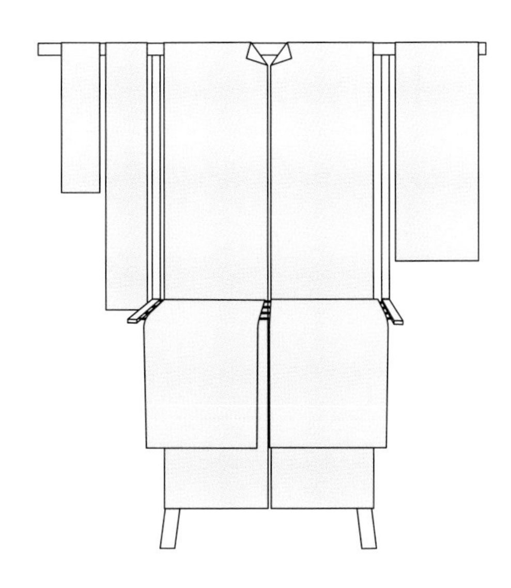

⑥平らに広げて陰干しします。

小紋を使ってワンピースを作る

きものをほどいて洗ったら、いよいよリメイクを始めましょう。最初の1枚は、カジュアルな小紋がおすすめです。

こちらの小紋は、白いムクゲの花のような柄、薄い紫色の葉、美しい地色の水色に、八掛（はっかけ）は辛子色で、なかなか凝ったしゃれたものです。このきものでワンピースを作りたいと思います。

ボートネックの、ファスナーなしで脱ぎ着できる衿ぐりのデザイン。二の腕が隠れる袖の長さ。スカートは2枚をはぎ合わせた幅にしました。2枚のはぎだと、歩きにくいので、裾にスリットを入れています。八掛をポケットに使って、辛子色をアクセントにしました。縫い方はとてもシンプルで簡単。ぜひ作ってみてください。

このきもの地はおそらくポリエステルなので、やわらかく、しなやかな動きになります。もっと張りのあるきもの地にすると、また印象が変わるでしょう。大島紬のような渋めの色で作れば、またぜんぜん違うイメージになります。いろんなきもの地で作ってみてはいかがでしょうか。

鏡を見ながら合わせて、
どんな洋服にするか考えます。
小紋の柄が引き立つ「ボートネックのシンプルワンピース」(作り方38ページ)

ボートネックのシンプルワンピース

まずは、前ページでも紹介したワンピースを作ってみましょう。幾何学模様のきもの地を使い、ポケット布は、模様にもある黒を選んでポイントに。

作り方 38ページ

巾着の作り方は 102ページ

ボートネックのシンプルワンピース

材料
きもの地
帯地、紬、小紋など
型紙　無し

工程
1 布を裁つ。
2 ヨークの肩下がりをカットして縫い合わせる。
3 衿ぐりをカットする。
4 衿ぐりをバイアステープで始末する。
5 スカート布Dを縫い合わせる。
6 前スカートにポケットをつける。
7 後ろスカートに身頃布Bを縫い合わせる。
8 ヨークとスカートを縫い合わせる。
9 前後身頃を合わせ、脇を縫う。
10 スリットを縫う。
11 袖口を縫う。
12 裾を縫う。

1 布を裁つ

ヨークA2枚、身頃B2枚、ポケット布C1枚、スカート布D4枚を裁つ。

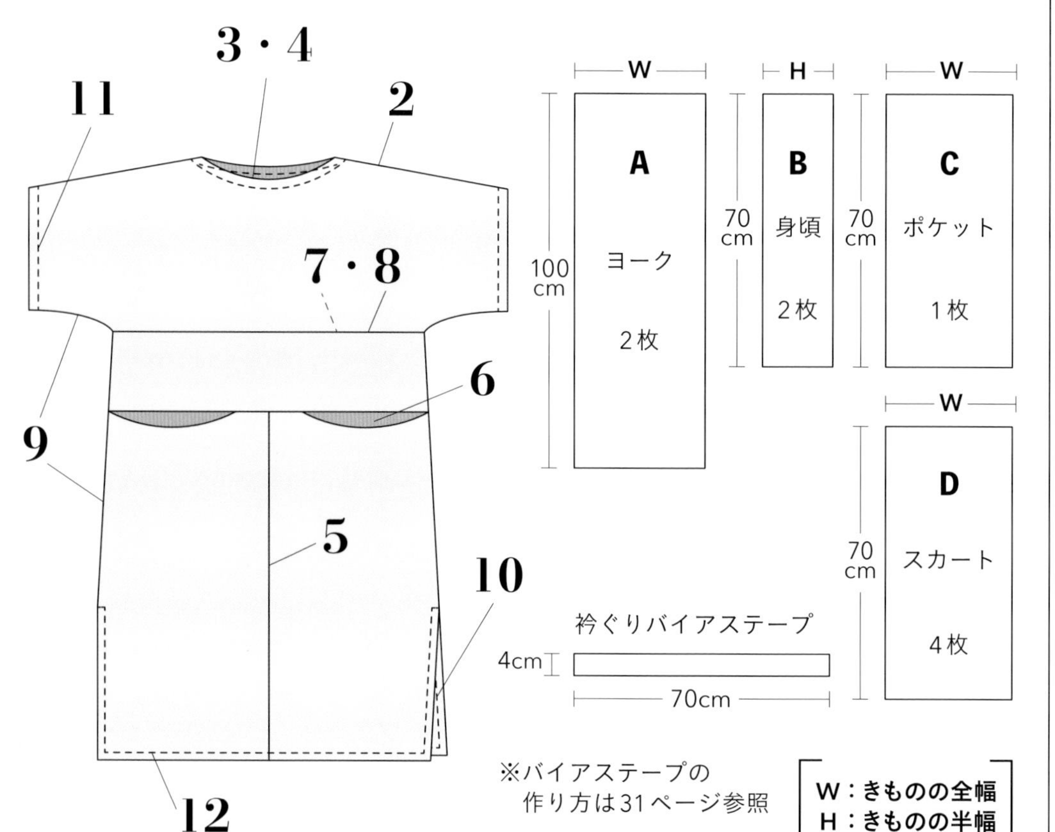

※バイアステープの作り方は31ページ参照

W：きものの全幅
H：きものの半幅

作り方を動画でもチェック

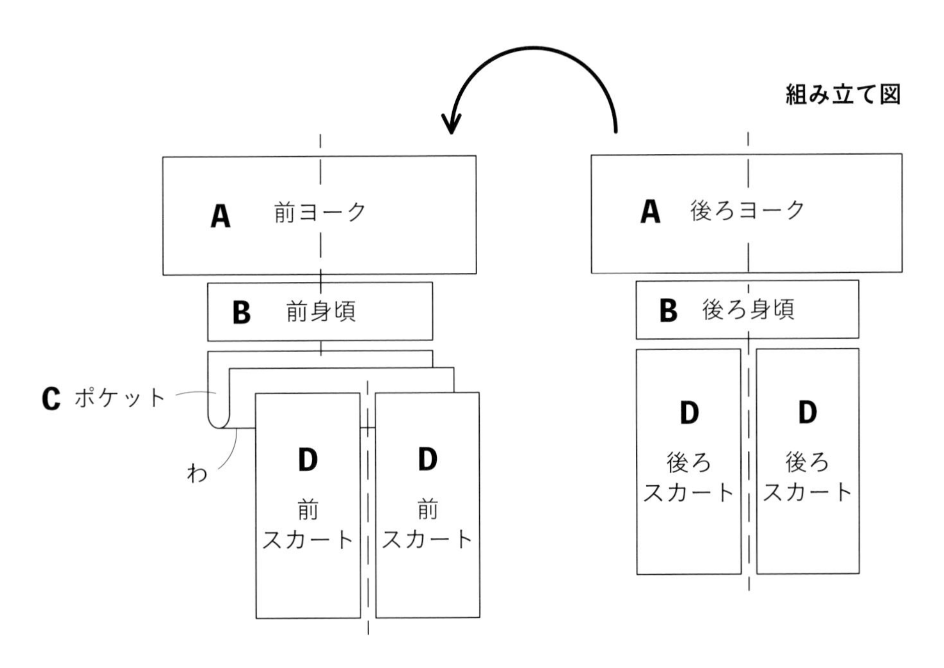

2 ヨークの肩下がりを カットして縫い合わせる

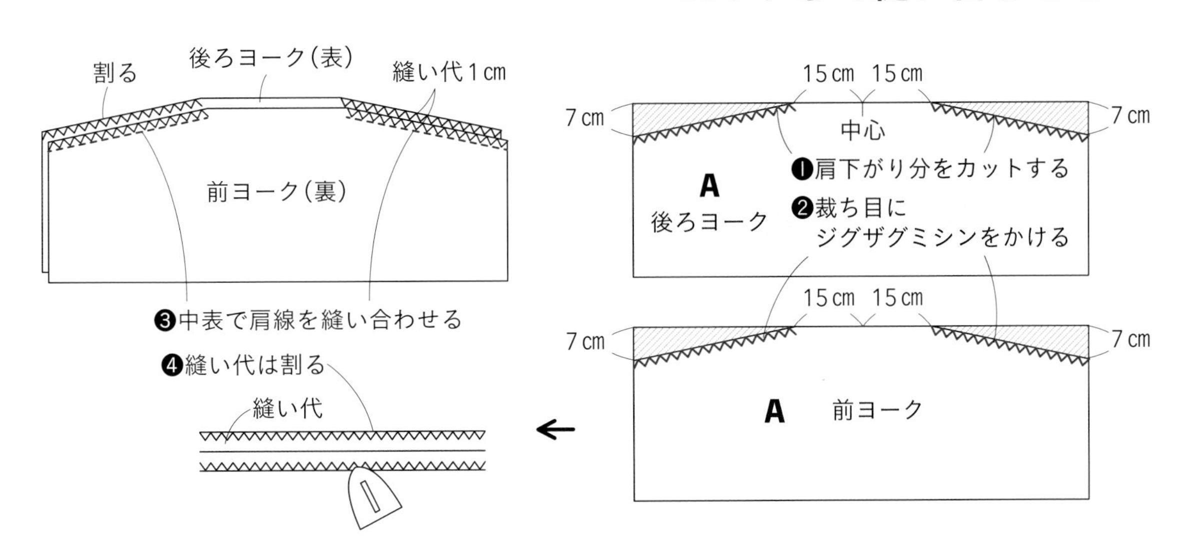

3 衿ぐりをカットする

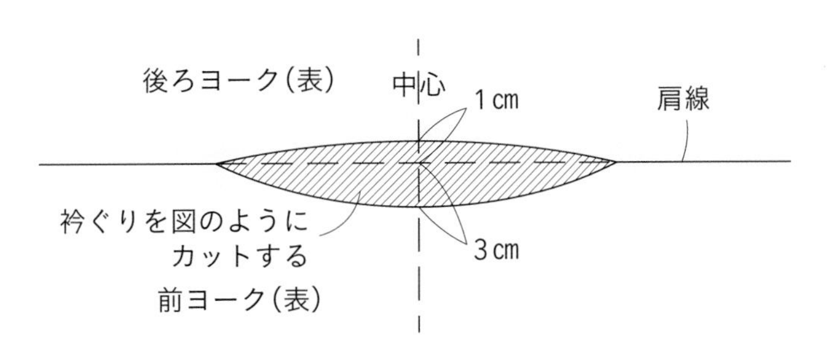

4 衿ぐりを バイアステープで始末する

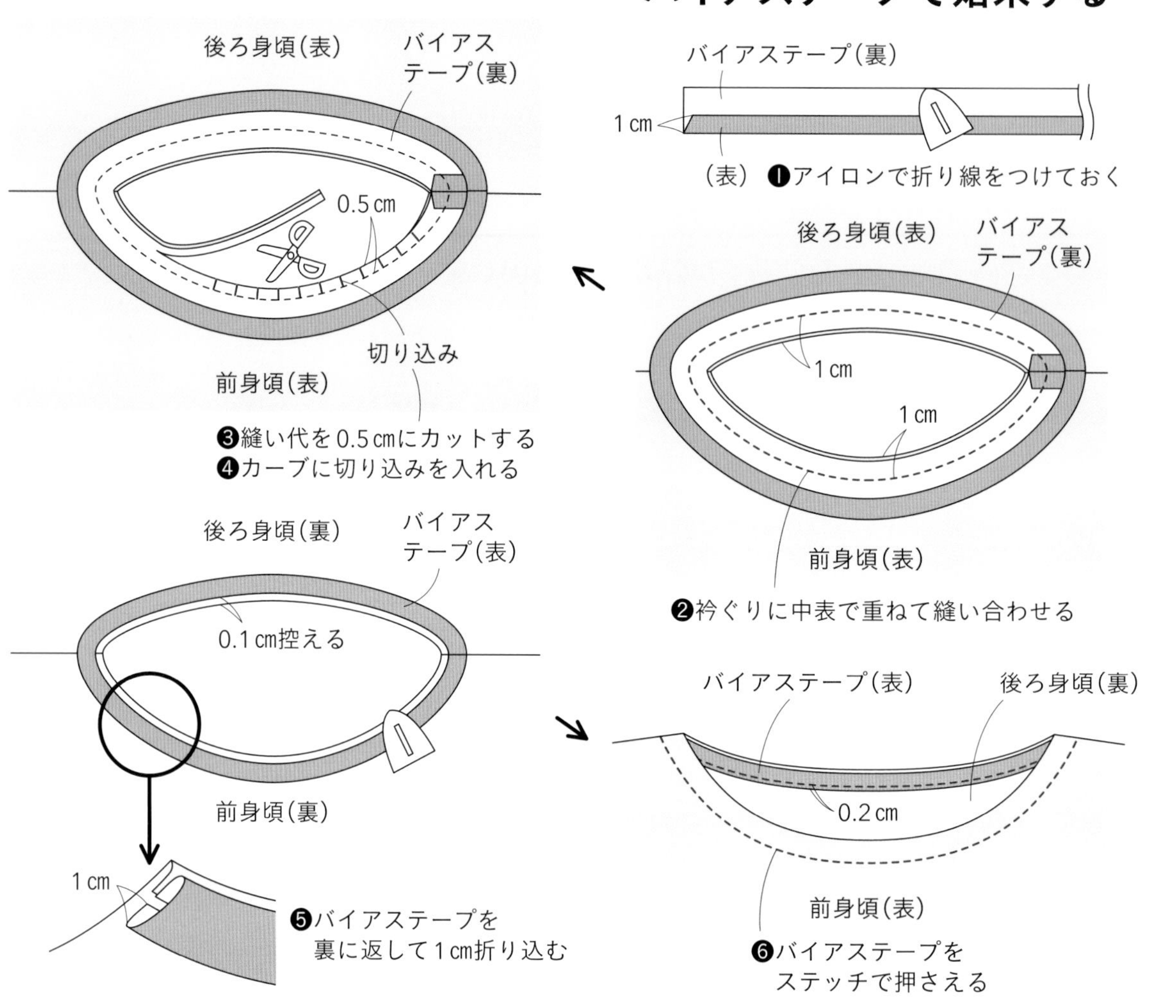

5 スカート布 D を縫い合わせる

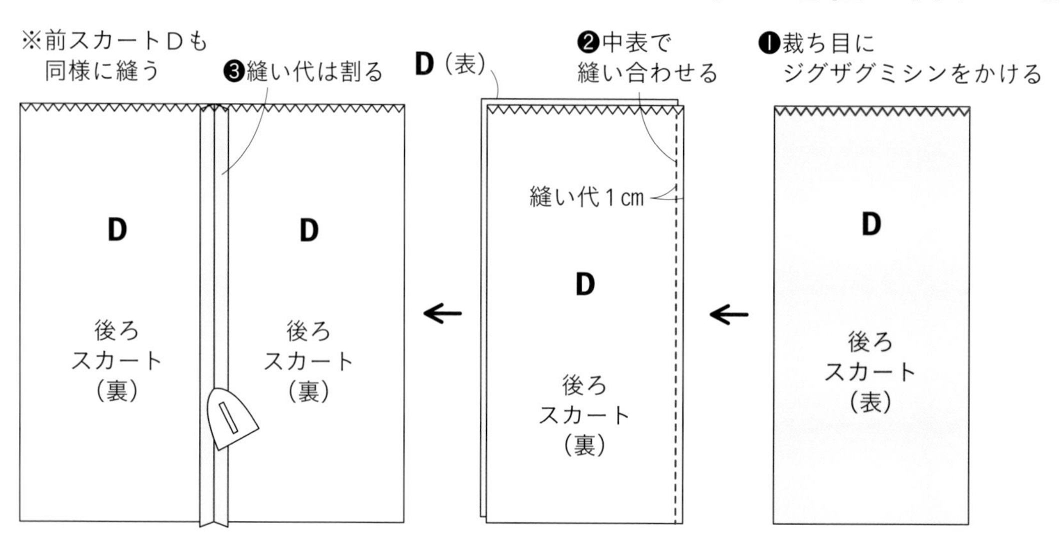

6 前スカートにポケットをつける

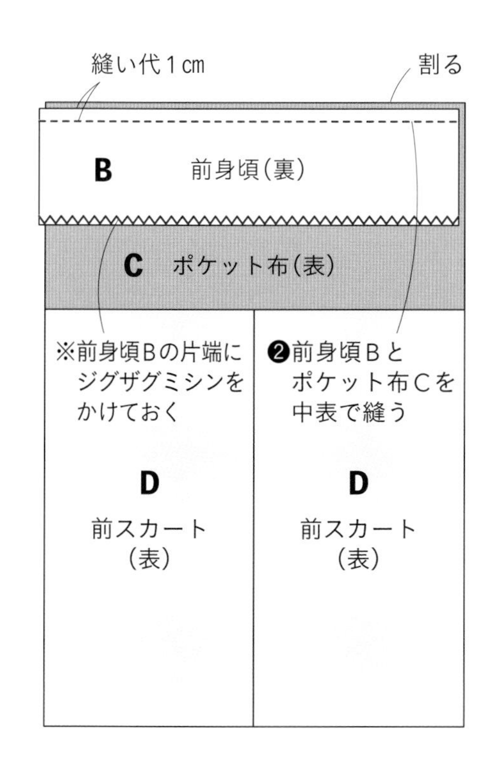

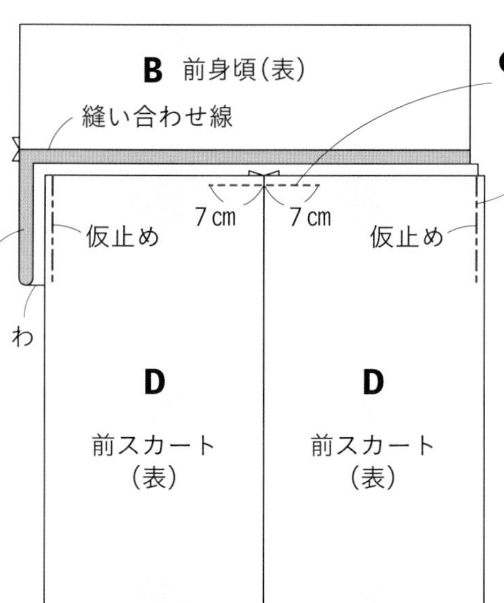

7 後ろスカートに身頃布Bを縫い合わせる

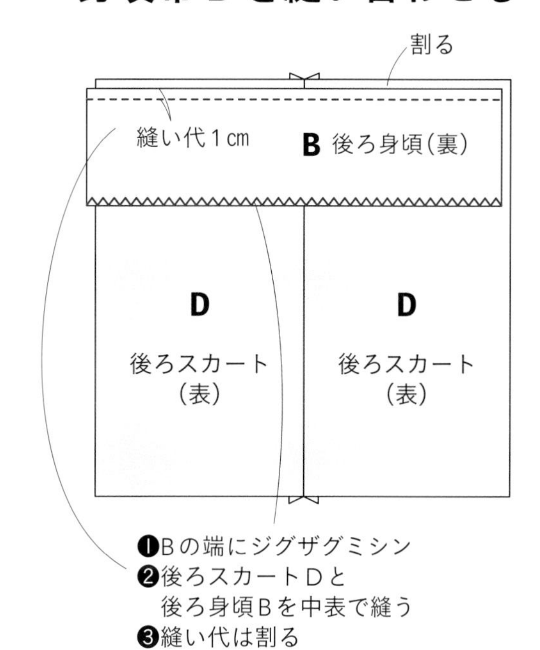

8 ヨークとスカートを縫い合わせる

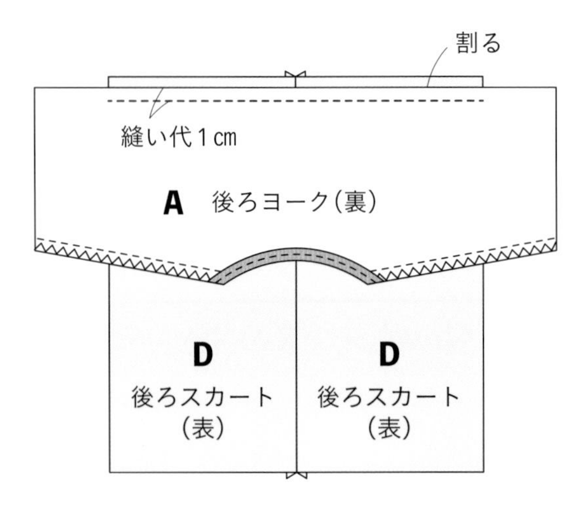

❸後ろヨークと後ろスカートDを
中表で縫う
❹縫い代は割る

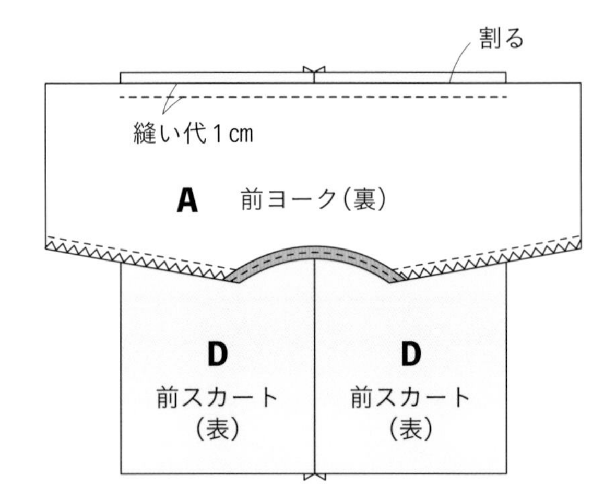

❶前ヨークAと前スカートDを
中表で縫う
❷縫い代は割る

9 前後身頃を合わせ、脇を縫う

❶後ろ身頃と前身頃を中表にして
脇をカットする
❷1枚ずつ縫い代に
ジグザグミシンをかける
❸中表で縫い合わせる
❹縫い代を割る

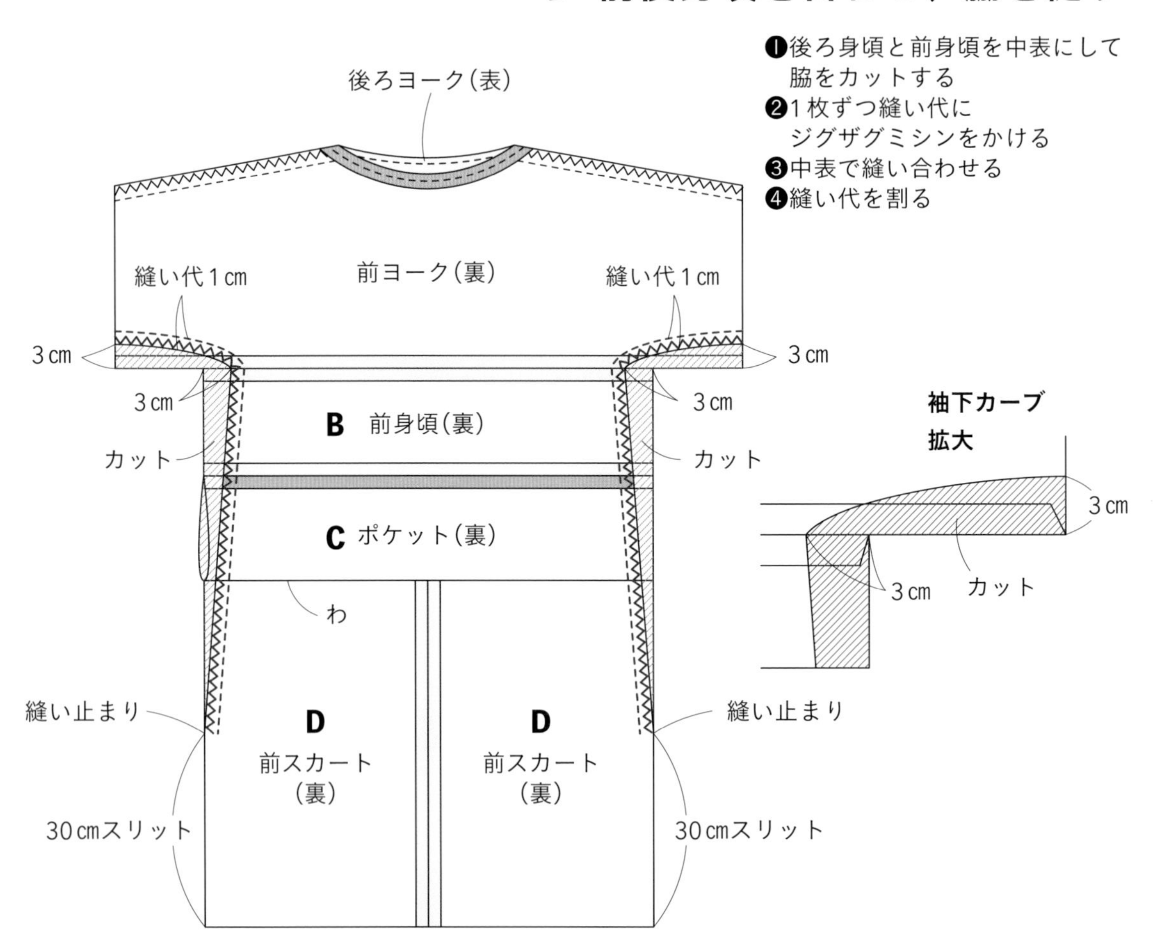

10 スリットを縫う

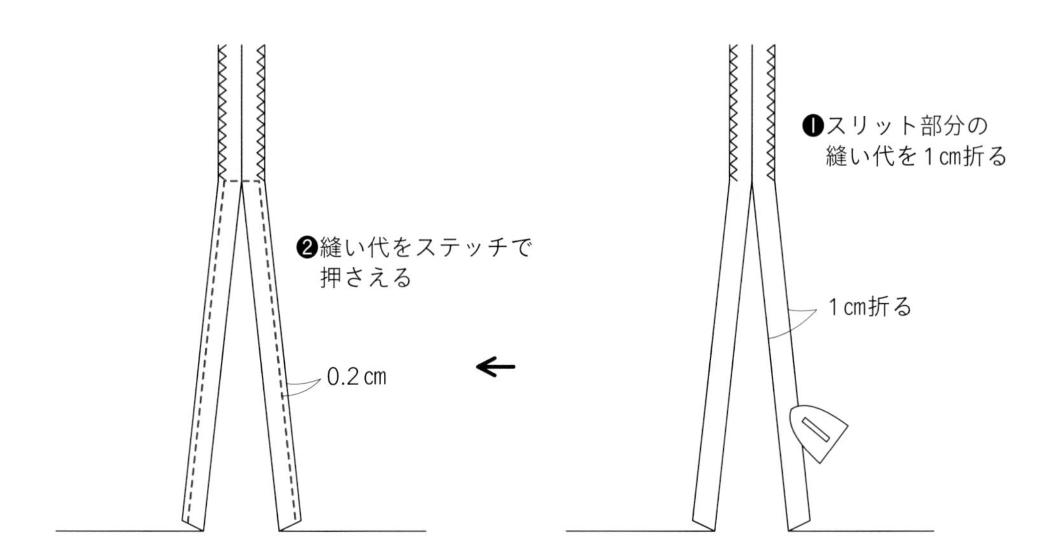

11 袖口を縫う

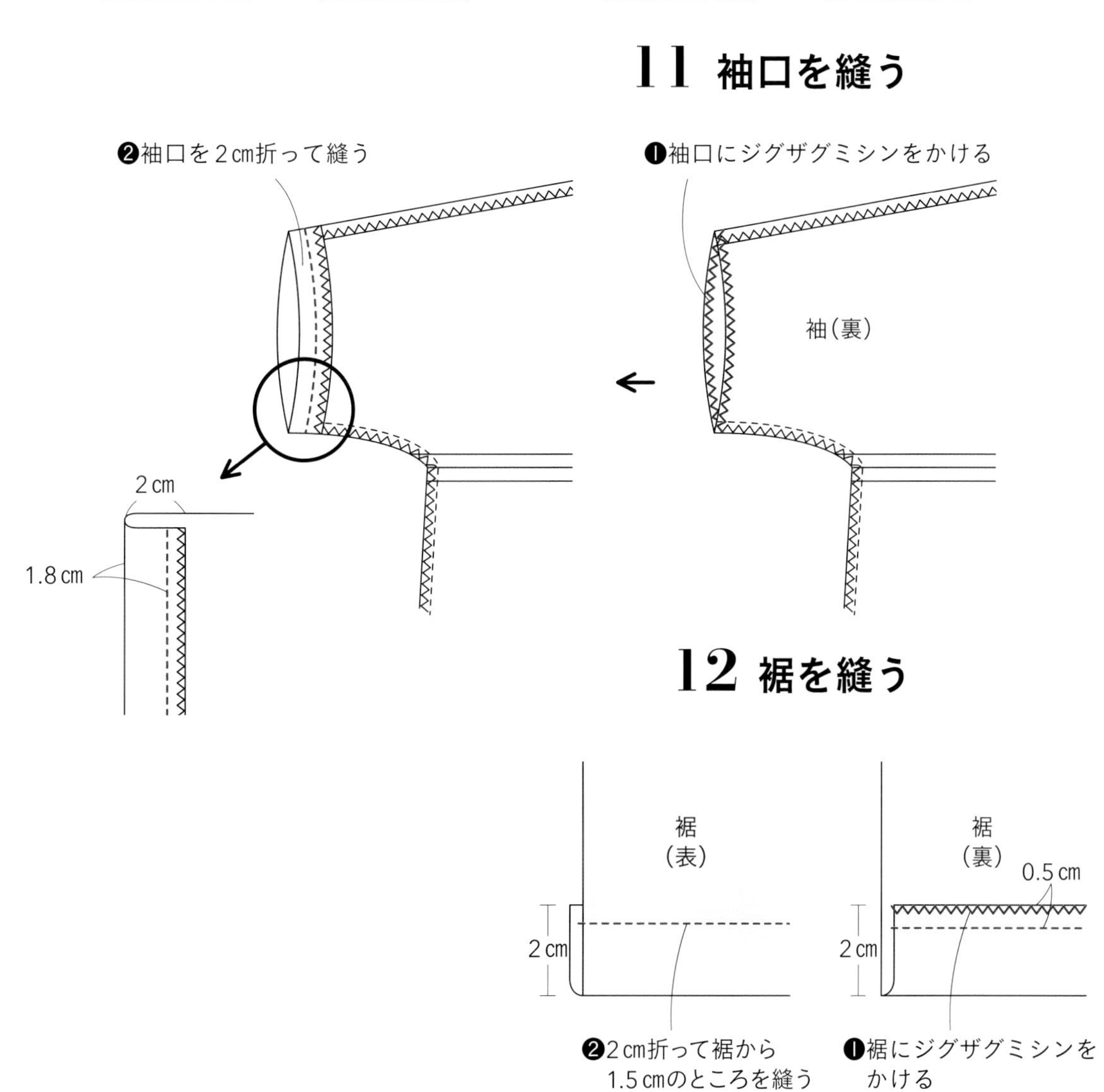

12 裾を縫う

きものの組み合わせ方

パーツによって違うきもの地を

私のデザインは、わざと裾布を別布にしたりして、変化を楽しめるようになっています。例えば下の写真のブラウス。裾布は同じきもの地で作っても、このように違うきもの地を合わせてもいいでしょう。

身頃と裾布の布地を逆にすれば、ガラリと印象が変わるのでお好みで組み合わせます。48ページでは、裾布と同じきもの地で作ったラップパンツとコーディネイトしているのでご覧になってください。

別々のきもの地を合わせる場合は、模様の中に同じ色か、同系色の色があると合わせやすいと思います。

おくみなど半幅の利用を

きものをほどいて平らに並べると、4～

裾布を違うきもの地にした例。身頃と裾布の組み合わせを逆にしたものを作ったり、いろいろな組み合わせをして楽しめる。

5mくらいの長さになります。ブラウスやワンピースを作っても、まだ布地が余るので、小物作りに使いましょう。また、洋服ならはぎ合わせるという手があります。

とくにおくみが余りがちです。本書で紹介した「シルエットのきれいな6枚はぎのスカート」に使っていただくとうれしいです。半幅のものは2枚をはぎ合わせて1枚として使ってください。

迷ったら八掛を組み合わせる

きものの組み合わせ方で、はずせないのは、八掛の存在です。きものによって八掛を同系色にしたり、反対色にしたりさまざまです。同じきものの八掛を、ポケットの口布にしたり、バイアステープにしたりすると、色が調和して落ち着きます。

八掛の合わせ方を見るのも勉強になります。例えば、同系色の濃淡の組み合わせだと上品な感じに。逆に、反対色の組み合わせだと、個性的になります。

右　全幅6枚を使う「6枚はぎのスカート」(56ページ)。こちらは半幅を2枚はぎ合わせて1枚のカウントに。同じ布をワンピースにも使用。
左　ポケットの口布に八掛の布を用いた例。

第3章

いろいろな洋服を作る

きものの反物の幅をうまく利用して、
簡単に作れる洋服を考えました。
すぐにできて、外に着て出かけたくなる。
とっておきの洋服を紹介したいと思います。

パンツの作り方は 66ページ

Vネックブラウス

華奢（きゃしゃ）に見えるデザインの
Vネックとドロップショルダー。
とろっとした正絹の小紋が、より繊細に。

作り方
50ページ

Vネックブラウス

材料
きもの地
帯地、紬、小紋など
型紙
衿ぐり見返し

工程
1 布を裁つ。
2 左右の身頃を縫い、見返しをつける。
3 前身頃と後ろ身頃の脇線をカットし、脇を縫う。
4 袖布を作り、身頃に縫い合わせる。
5 裾布を作り、身頃に縫い合わせる。

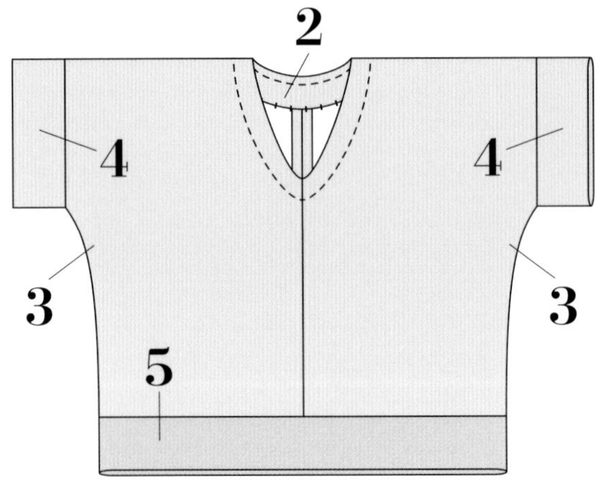

1 布を裁つ

身頃A2枚、袖B2枚、裾布C2枚、
見返し布D1枚を裁つ。

W：きものの全幅
H：きものの半幅

組み立て図

2 左右の身頃を縫い、見返しをつける

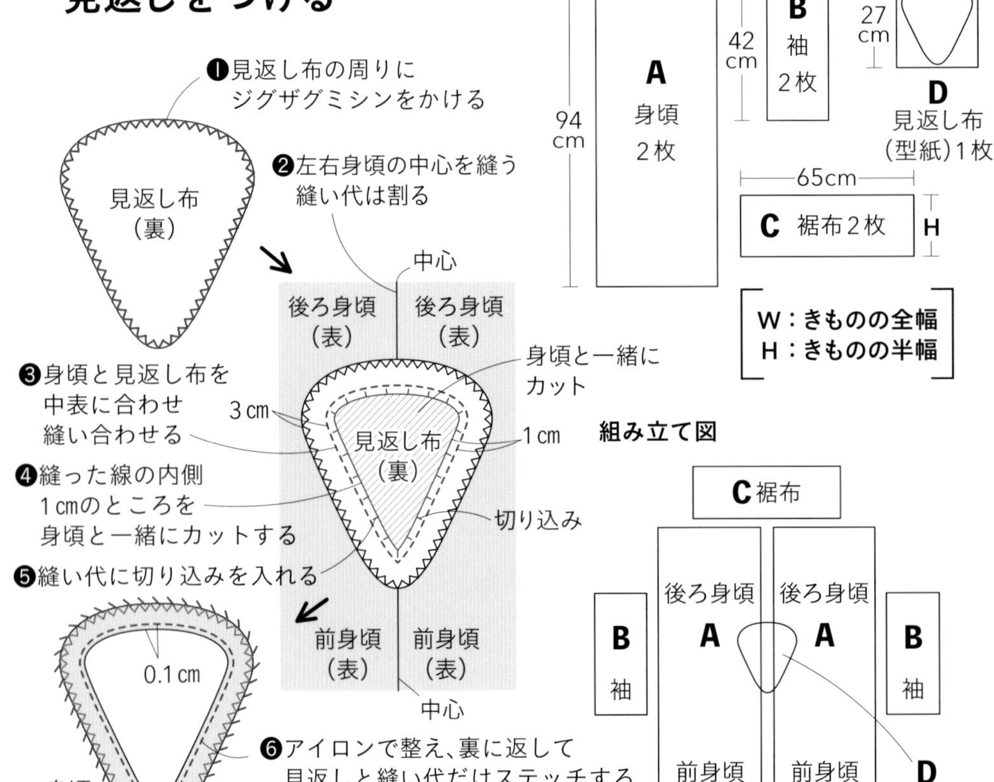

作り方を
動画でも
チェック

3 前身頃と後ろ身頃の脇線をカットし、脇を縫う

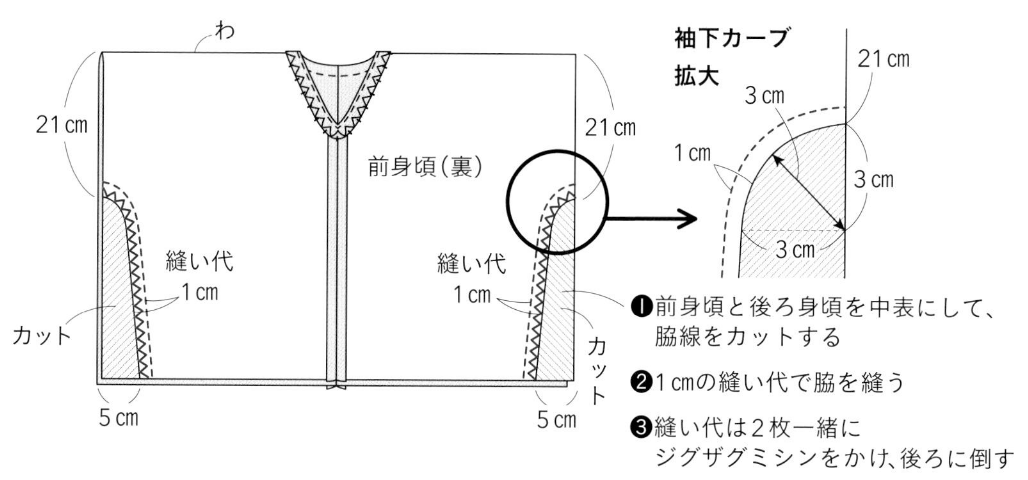

❶前身頃と後ろ身頃を中表にして、脇線をカットする

❷1cmの縫い代で脇を縫う

❸縫い代は2枚一緒にジグザグミシンをかけ、後ろに倒す

4 袖布を作り、身頃に縫い合わせる

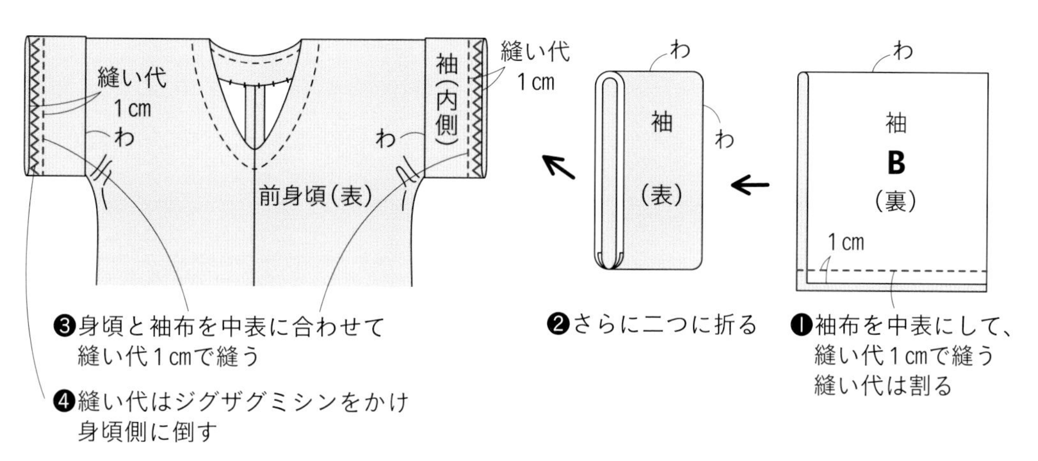

❸身頃と袖布を中表に合わせて縫い代1cmで縫う

❹縫い代はジグザグミシンをかけ身頃側に倒す

❷さらに二つに折る

❶袖布を中表にして、縫い代1cmで縫う
縫い代は割る

5 裾布を作り、身頃に縫い合わせる

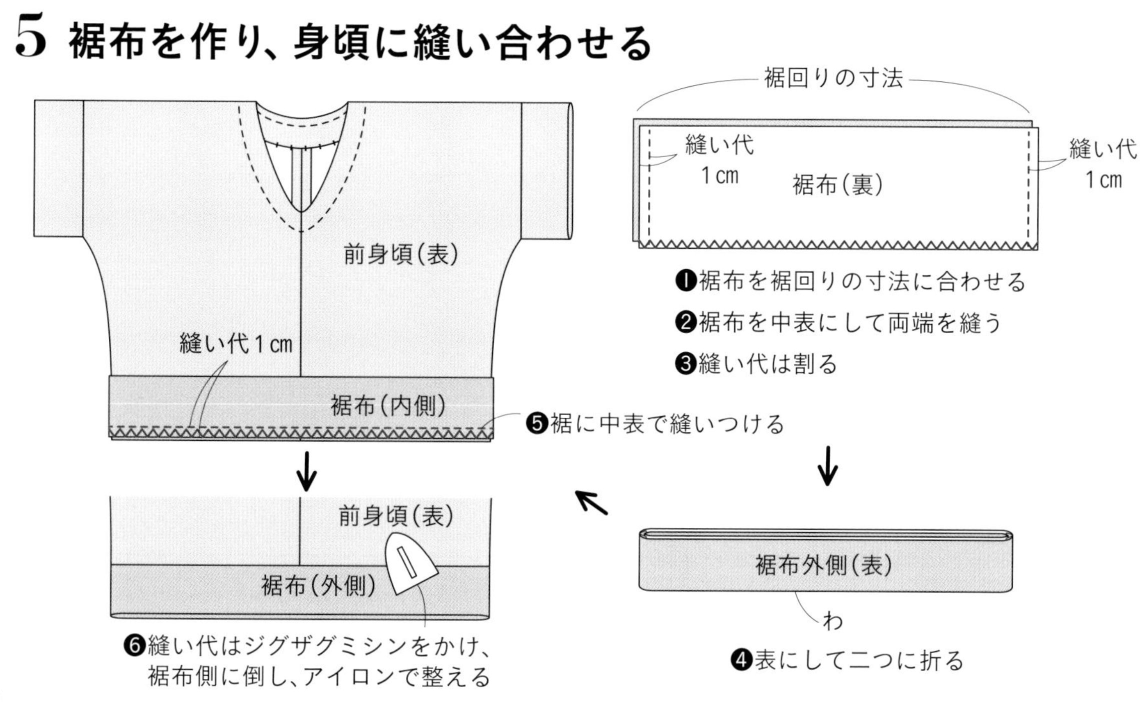

❶裾布を裾回りの寸法に合わせる

❷裾布を中表にして両端を縫う

❸縫い代は割る

❹表にして二つに折る

❺裾に中表で縫いつける

❻縫い代はジグザグミシンをかけ、裾布側に倒し、アイロンで整える

袖フリルのブラウス

きものや羽織だと地味だった模様でも、
ブラウスにすると個性的に。
胸のギャザーは入れても入れなくてもお好みで。

作り方 54ページ

袖フリルのブラウス

材料
きもの地
帯地、紬、小紋など
型紙
衿ぐり見返し
綿テープ　1cm幅×66cm
ゴム　6mm幅×40cm

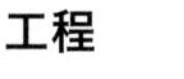

工程

1 布を裁つ。
2 左右の身頃を縫い、見返しをつける。
3 前後身頃にギャザー寄せ用の綿テープを縫いつける。
(ギャザー無しの場合は4へ)
4 前身頃と後ろ身頃の脇線をカットし、脇を縫う。
5 袖布を作り、身頃に縫い合わせる。
6 裾を縫う。

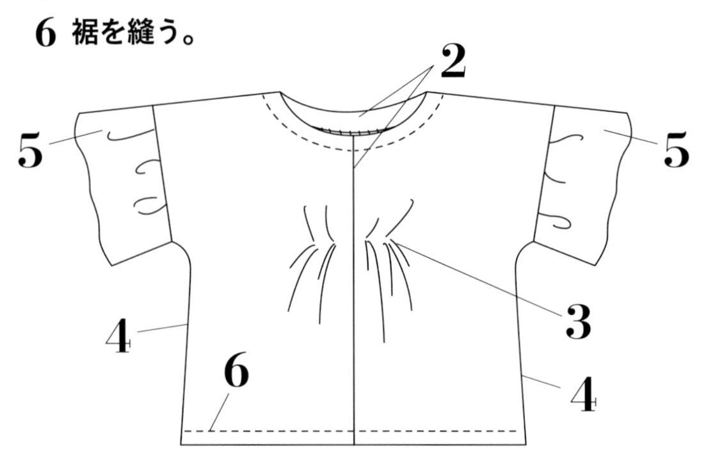

1 布を裁つ

身頃A2枚、袖B2枚、
見返し布C1枚を裁つ。

2 左右の身頃を縫い、見返しをつける

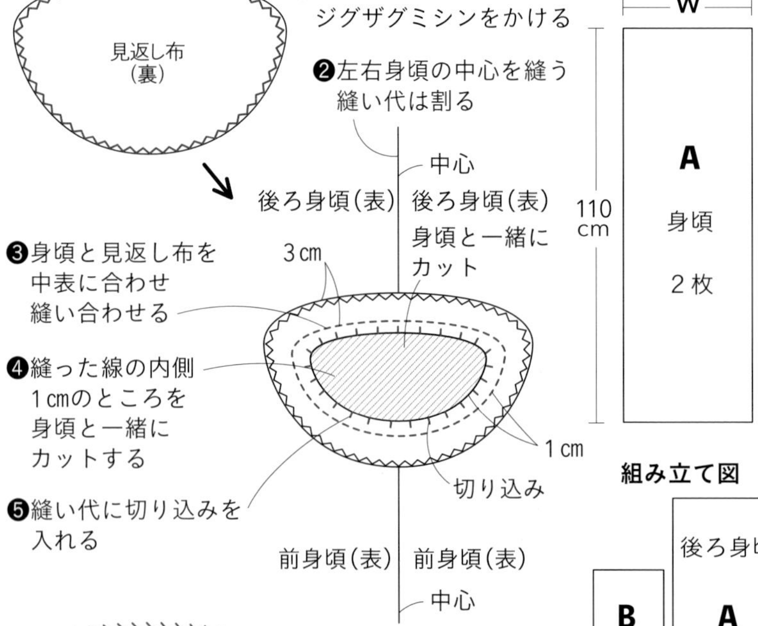

❻アイロンで整え、裏に返して
見返しと縫い代だけ
ステッチする

身頃(裏)

❼見返しをまつる

作り方を
動画でも
チェック

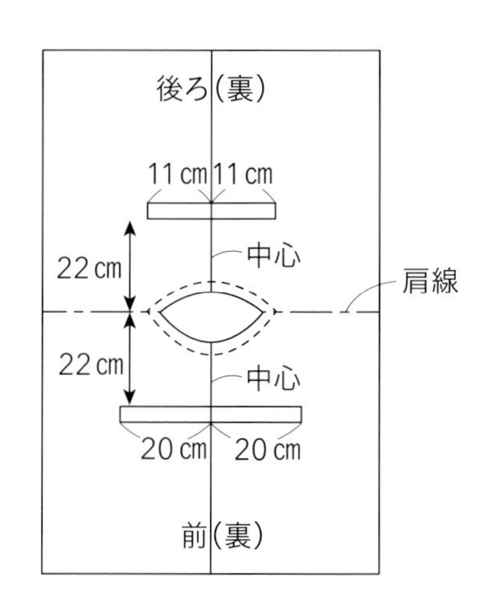

3 前後身頃にギャザー寄せ用の綿テープを縫いつける

(ギャザー無しの場合は4へ)

1cm 0.1cm 1cm
←ゴム通し口
ゴム:後ろ15cm
0.1cm 後ろ24cm

1cm 0.1cm 1cm
←ゴム通し口
ゴム:前25cm
前42cm 0.1cm

❶ギャザー寄せ綿テープの両端を1cm折る
❷指定の位置に0.1cmのステッチで縫いつける

※ゴムは最後に入れます

4 前身頃と後ろ身頃の脇線をカットし、脇を縫う

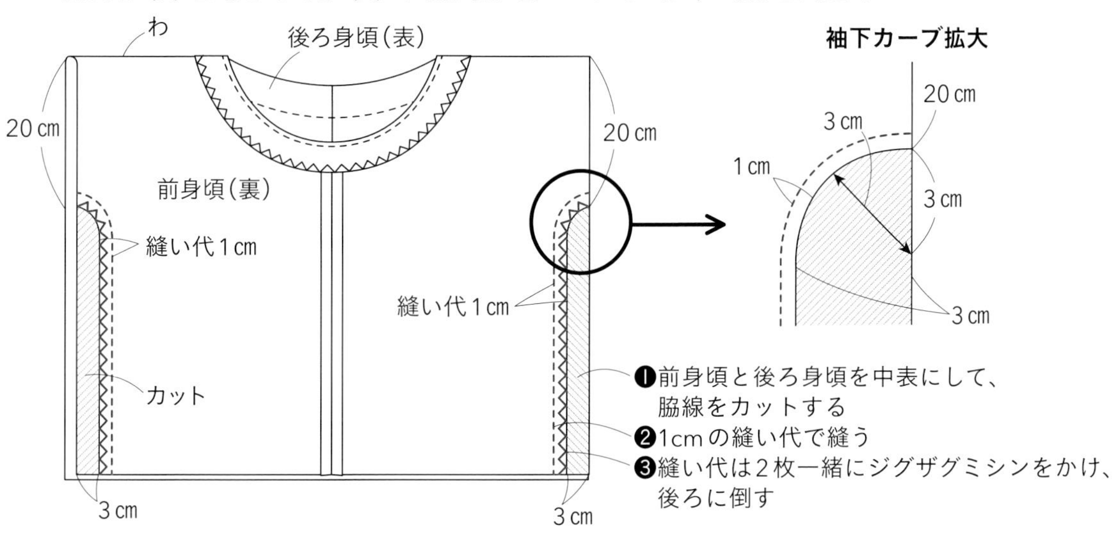

5 袖布を作り、身頃に縫い合わせる

6 裾を縫う

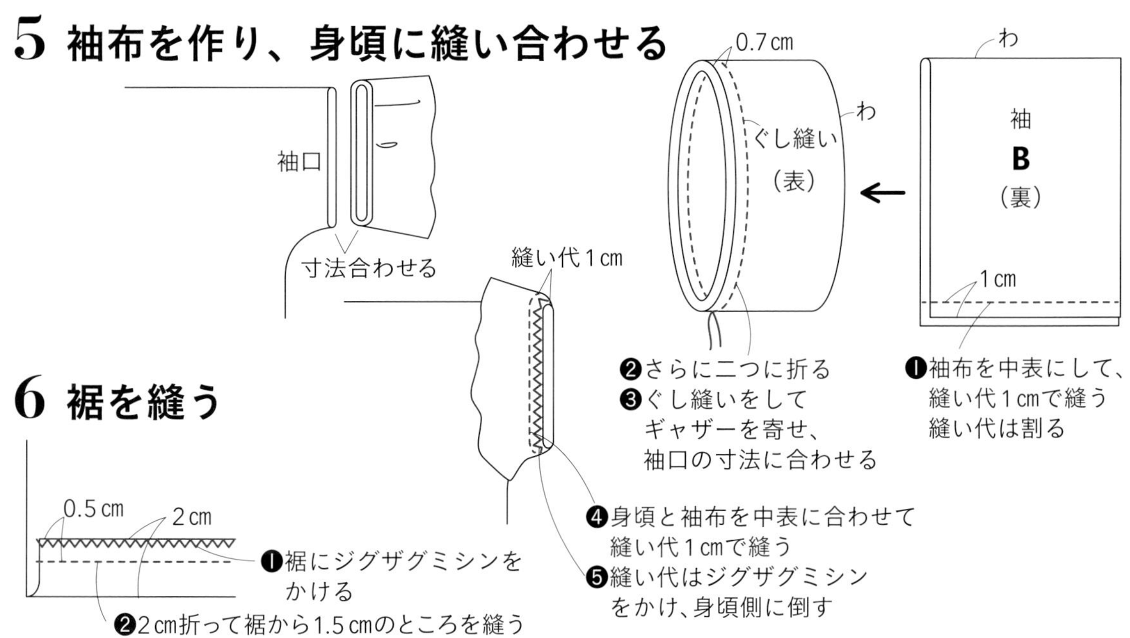

※ギャザー寄せの場合、3の指定の位置にゴムを入れる

トップスの作り方は 50ページ

シルエットのきれいな6枚はぎのスカート

右は渋い紅葉(もみじ)の色が、深いきもの地の色とてもマッチしていて、気に入って購入。腰のまわりがすっきりするデザインです。

作り方 58ページ

シルエットのきれいな6枚はぎのスカート

材料
きもの地
帯地、紬、小紋など
型紙
ウエスト部型紙(M〜L/LL)
ゴム
2.5cm幅×ウエストサイズ+5cm

作り方を動画でもチェック

工程
1 布を裁つ。
2 6枚の布を、縫い代1cmで縫い合わせる。
3 ウエストにゴム通し部分を縫い、ゴムを通す。
4 裾を縫う。

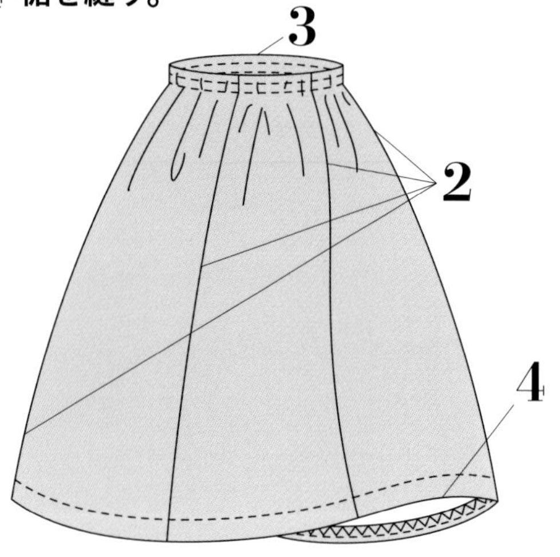

1 布を裁つ

6枚の布を裁ち、型紙をおいて裾の角と直線で結んでカットする(型紙は縫い代込み)。※半幅2枚をはいで1枚としてもよい。

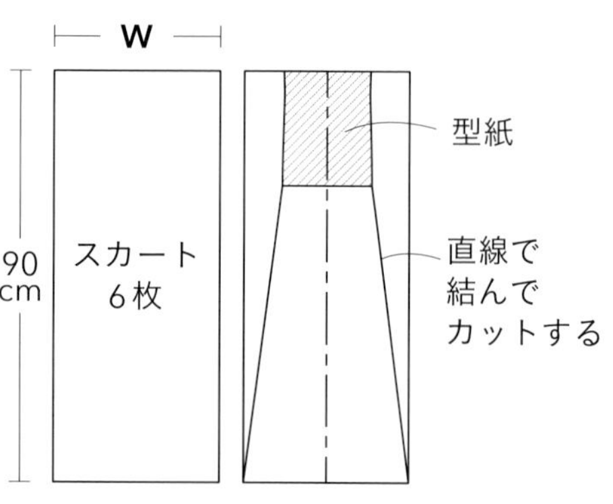

2 6枚の布を、縫い代1cmで縫い合わせる

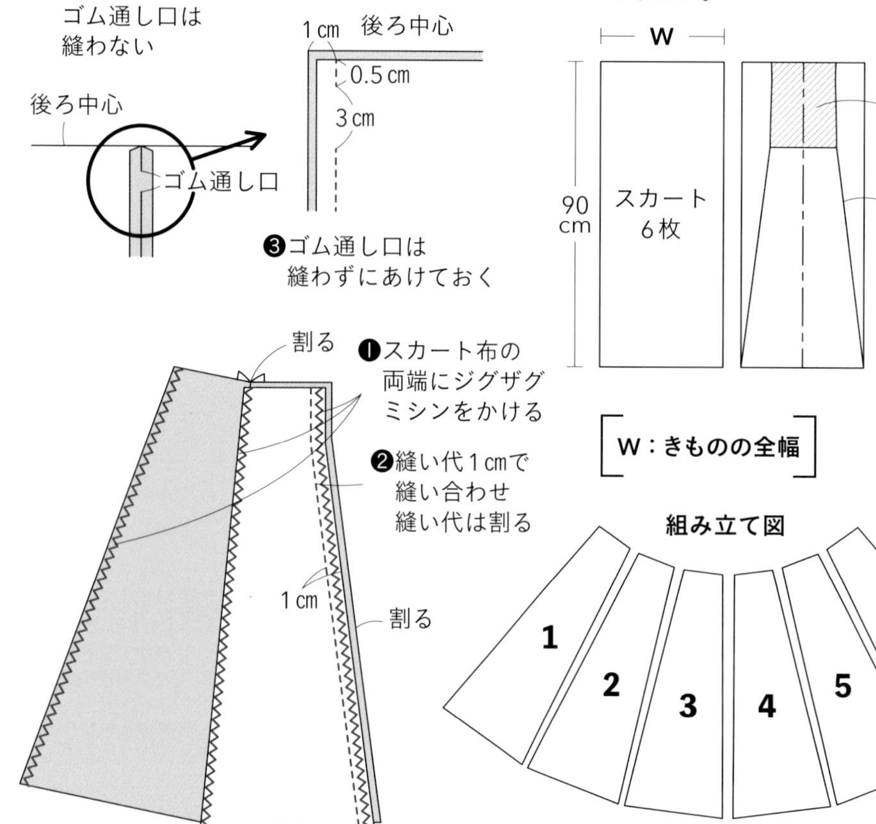

3 ウエストにゴム通し部分を縫い、ゴムを通す

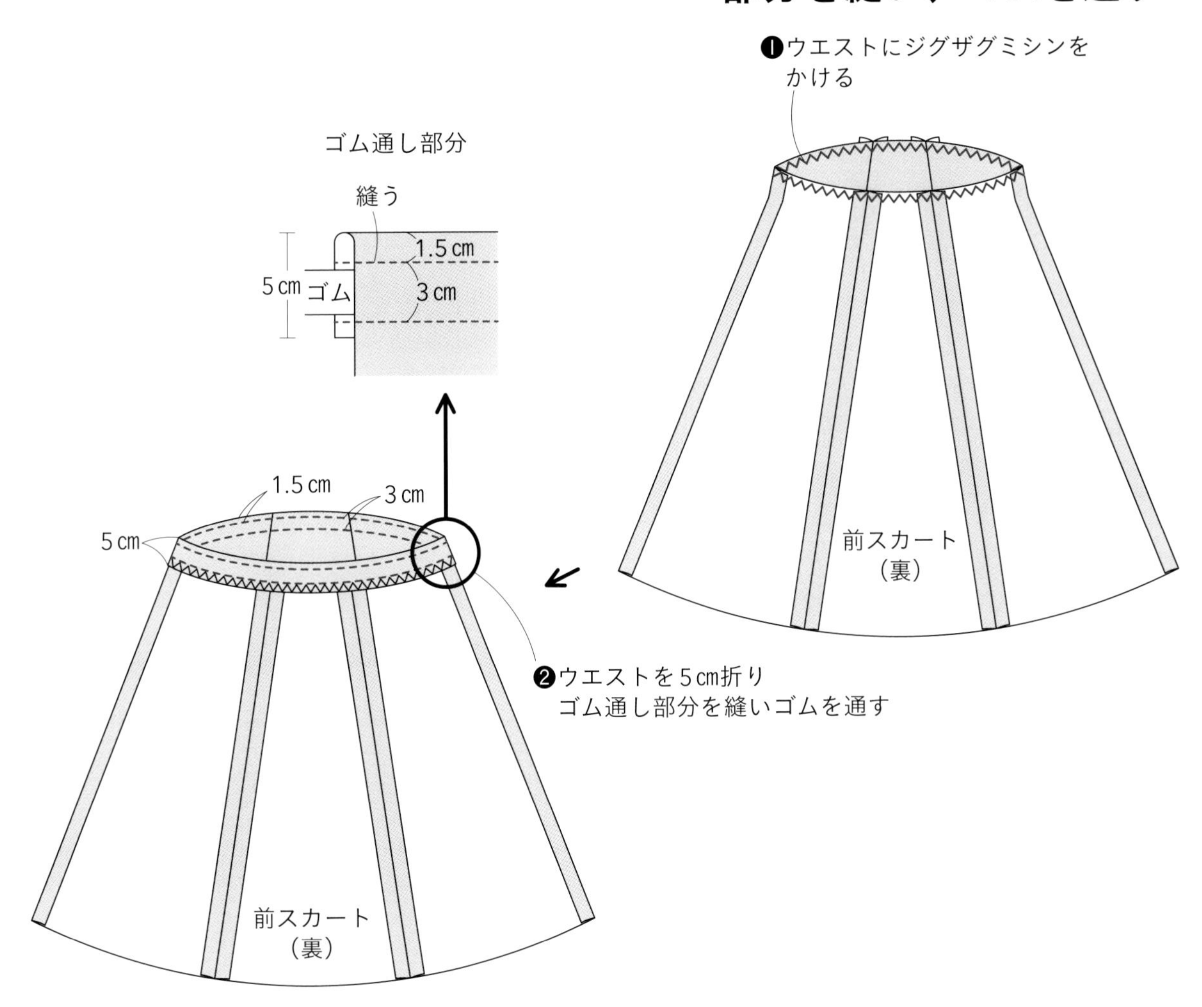

4 裾を縫う

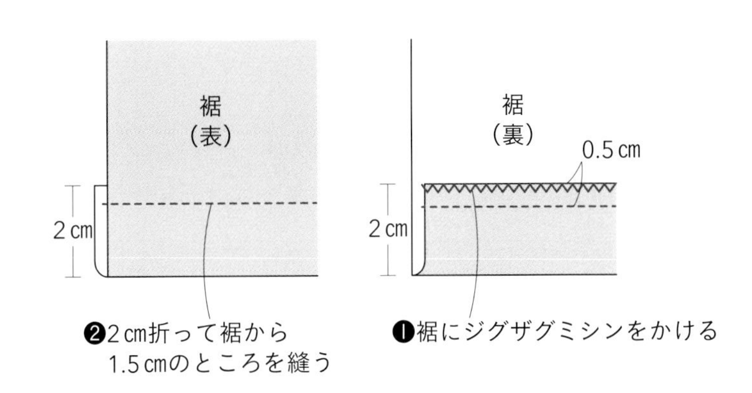

絽（ろ）を重ねたスカート

右は白地のきものに柄の絽を重ねています。
左はアート作品のような花柄のきものに黒の絽を重ねました。

作り方 62ページ

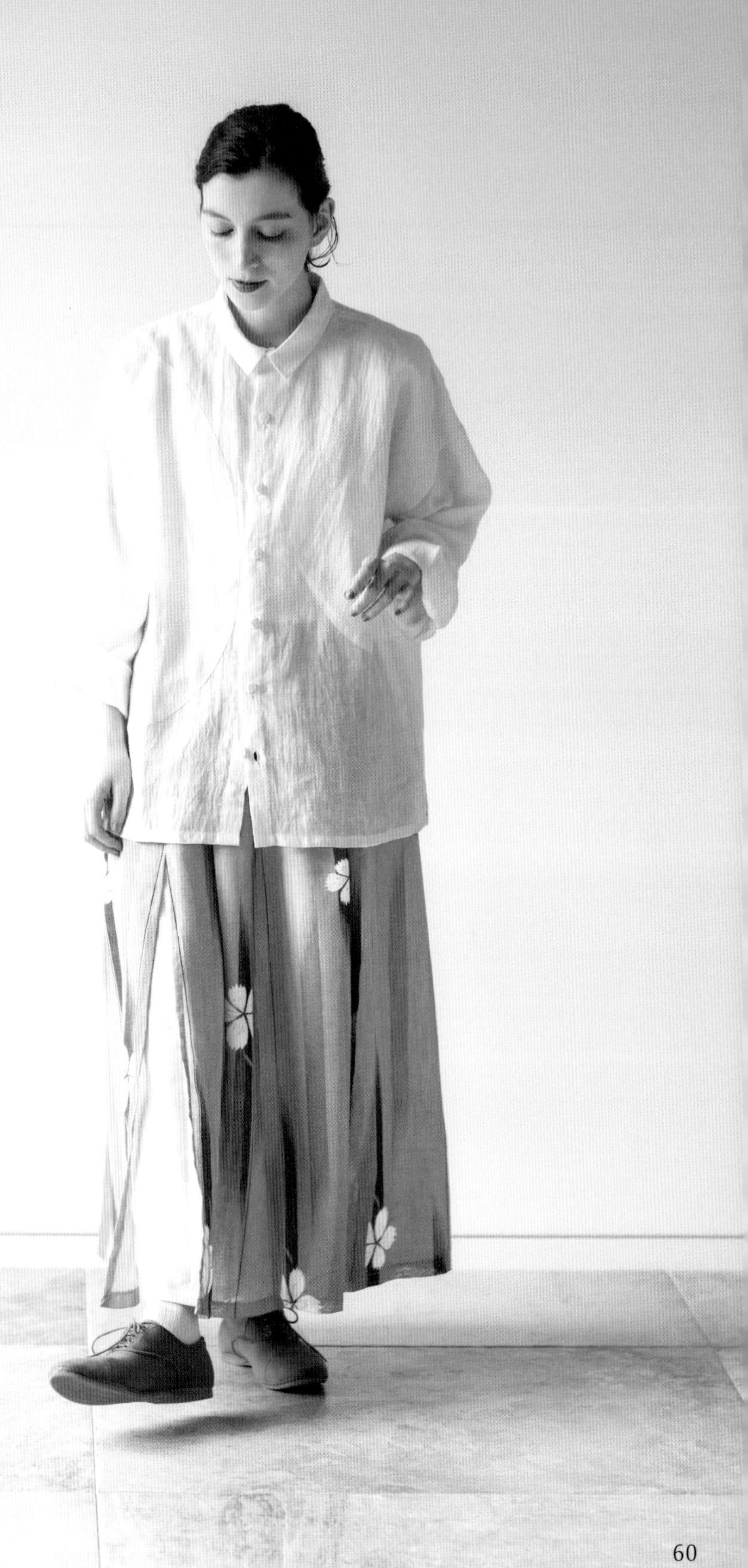

絽（ろ）を重ねたスカート

材料
きもの地
帯地、紬、小紋など
型紙　無し
ゴム　2.5㎜幅×ウエストサイズ＋5㎝

工程
1 布を裁つ。
2 本体スカートの布を縫い合わせる。
3 重ねスカートの布を縫い合わせる。
4 重ねスカートのスリットを縫う。
5 本体と重ねスカートを合わせて
ウエストを縫う。
6 裾を縫う。

5
3
2
4
6

1 布を裁つ

本体スカート6枚、重ねスカート
6枚を裁つ。

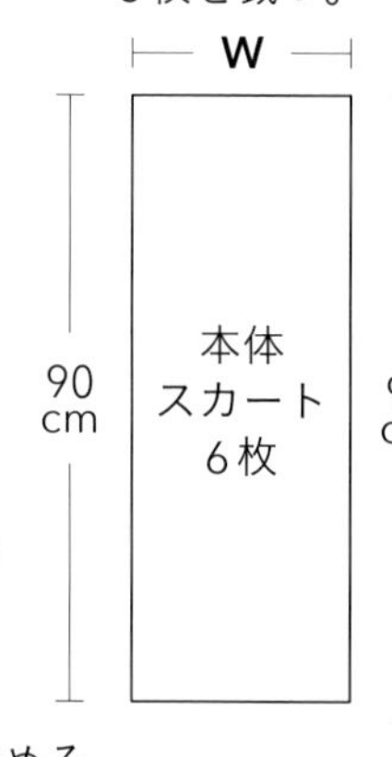

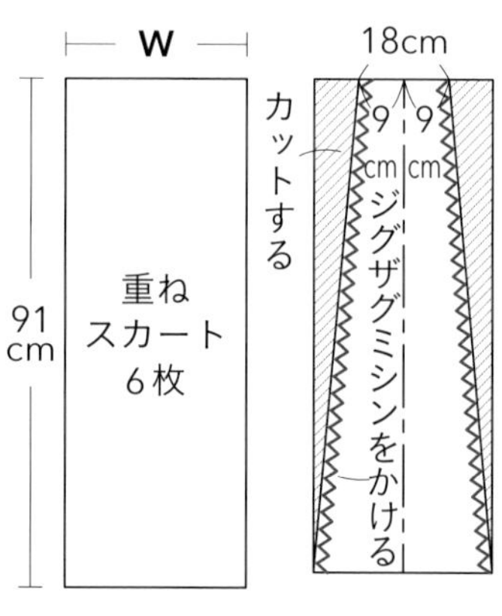

2 本体スカートの布を縫い合わせる

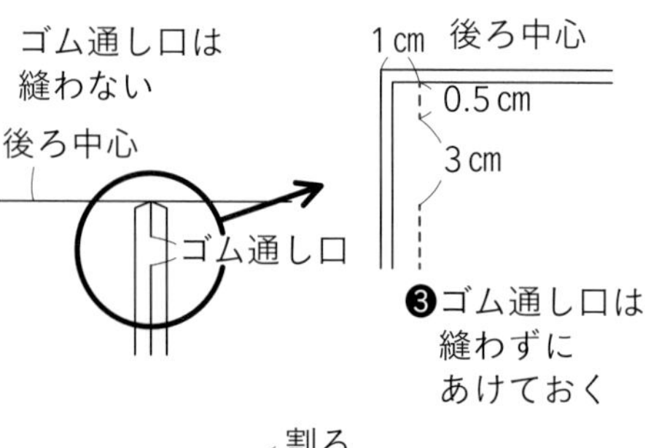

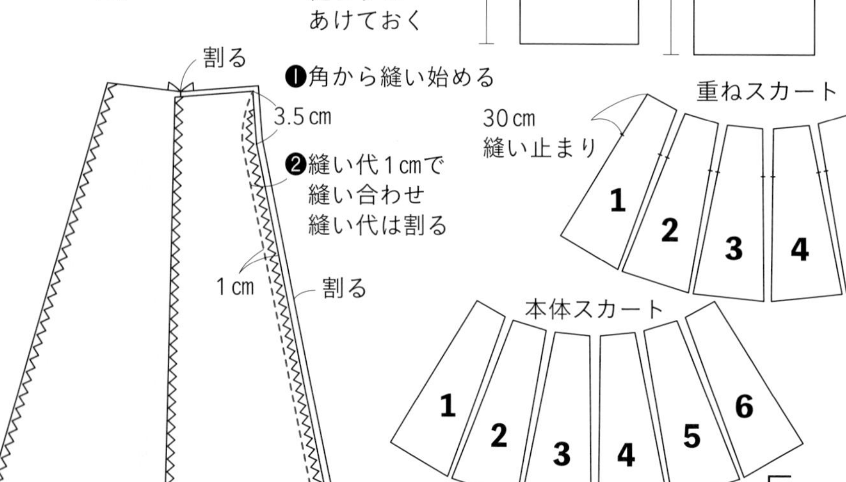

W：きものの全幅

作り方を
動画でも
チェック

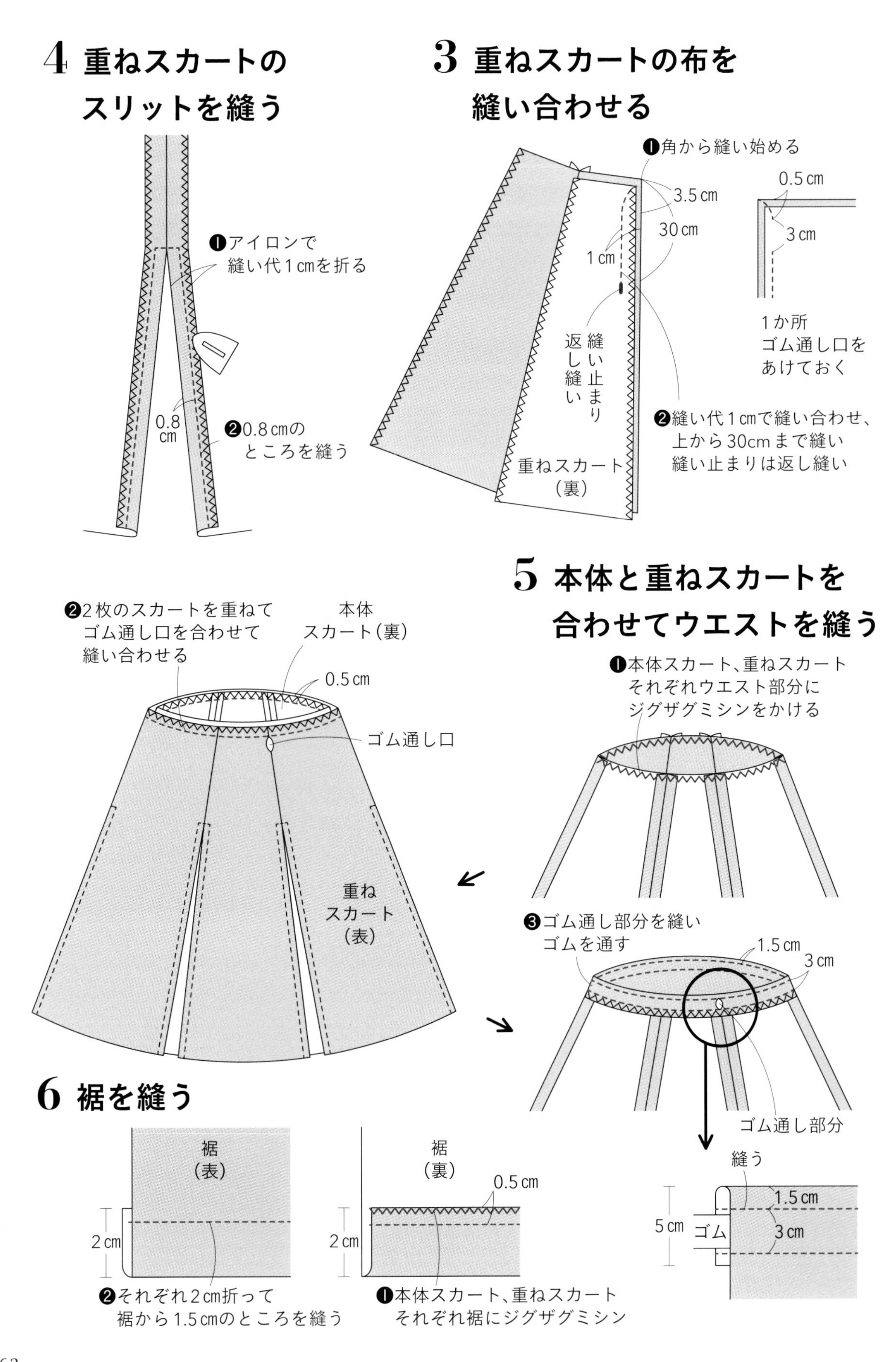

4 重ねスカートのスリットを縫う
❶アイロンで
縫い代1㎝を折る
0.8㎝
❷0.8㎝の
ところを縫う
3 重ねスカートの布を縫い合わせる
❶角から縫い始める
3.5㎝
30㎝
1㎝
縫い止まり
返し縫い
重ねスカート
(裏)
❷縫い代1㎝で縫い合わせ、
上から30cmまで縫い
縫い止まりは返し縫い
0.5㎝
3㎝
1か所
ゴム通し口を
あけておく
5 本体と重ねスカートを合わせてウエストを縫う
❶本体スカート、重ねスカート
それぞれウエスト部分に
ジグザグミシンをかける
❷2枚のスカートを重ねて
ゴム通し口を合わせて
縫い合わせる
本体
スカート(裏)
0.5㎝
ゴム通し口
重ね
スカート
(表)
❸ゴム通し部分を縫い
ゴムを通す
1.5㎝
3㎝
ゴム通し部分
縫う
5㎝
ゴム
1.5㎝
3㎝
6 裾を縫う
裾
(表)
2㎝
❷それぞれ2㎝折って
裾から1.5㎝のところを縫う
裾
(裏)
0.5㎝
2㎝
❶本体スカート、重ねスカート
それぞれ裾にジグザグミシン

ラップパンツ

巻きスカートを模したラップパンツ。左右の端は布を重ねて動きが出るデザインに。ダイヤ模様の銘仙と、井桁（いげた）柄の大島紬で。

作り方 66ページ

ラップパンツ

材料
- きもの地
- 帯地、紬、小紋など
- 型紙　無し
- ゴム　2.5cm幅×ウエストサイズ＋5cm

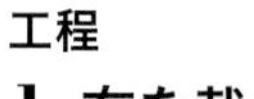

工程

1 布を裁つ。
2 前・後ろパンツAにBの布を縫い合わせる。
3 股下を縫う。
4 股ぐりを縫う。
5 前パンツと後ろパンツを重ねて縫い合わせる。
6 ウエストゴム通し部分を縫い、ゴムを通す。
7 裾を縫う。

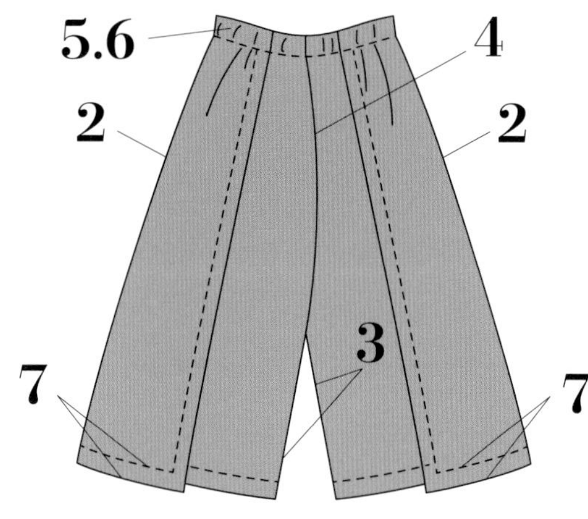

1 布を裁つ

前後パンツA4枚、ラップ布B4枚を裁つ。Bの布の裁ち目にジグザグミシンをかける。

W
90cm
A
パンツ
4枚

H
90cm
B
ラップ布
4枚

W：きものの全幅
H：きものの半幅

股ぐりをカットする
A
40cm
7cm
7cm
2.5cm

2 前・後ろパンツAにBの布を縫い合わせる

1cm
1cm
耳
耳
❷縫い代は割る
❷縫い代は割る
B（裏）
A（表）
A（表）
B（裏）
❶前パンツ、後ろパンツそれぞれAの脇にBを中表で縫い合わせる

0.2cm
わ
1cm折る
B（裏）
A（表）
❸ラップ布の端を1cm折ってステッチで押さえる。両サイド押さえる

組み立て図

ジグザグ
カット
ジグザグ
カット
ジグザグ
耳
前 B
前 A
前 A
前 B
耳
耳
後ろ B
後ろ A
後ろ A
後ろ B
耳

作り方を動画でもチェック

3 股下を縫う

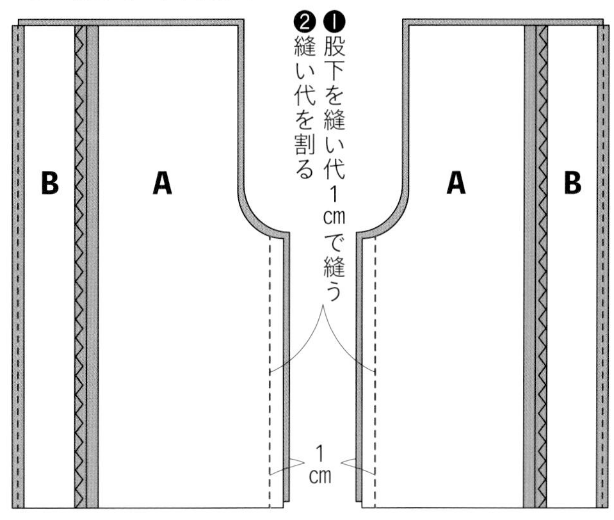

4 股ぐりを縫う

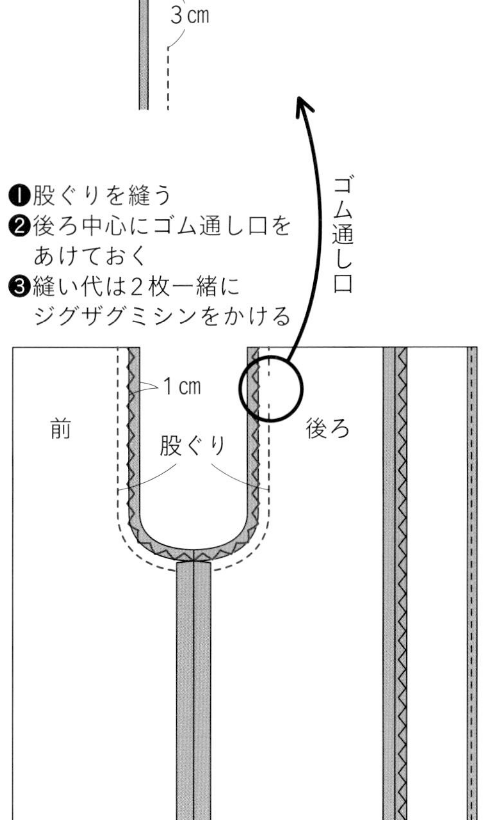

5 前パンツと後ろパンツを重ねて縫い合わせる

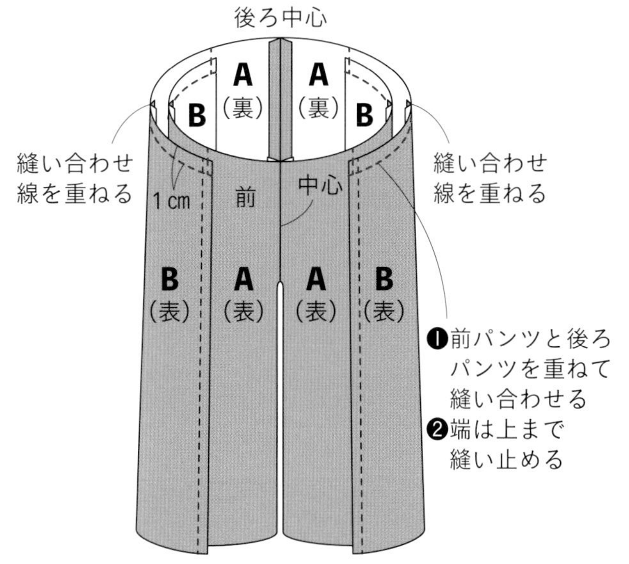

6 ウエストゴム通し部分を縫い、ゴムを通す

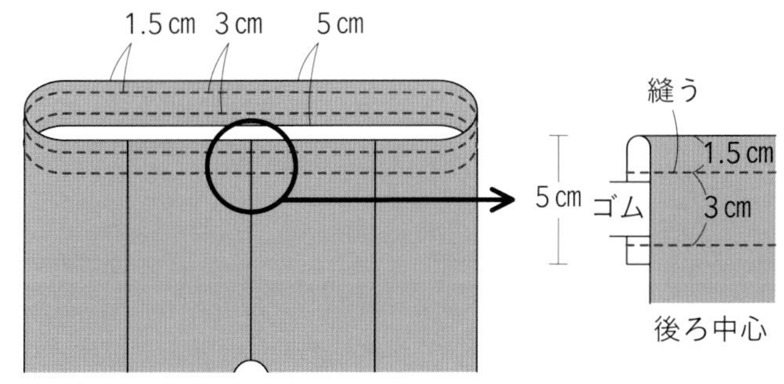

7 裾を縫う

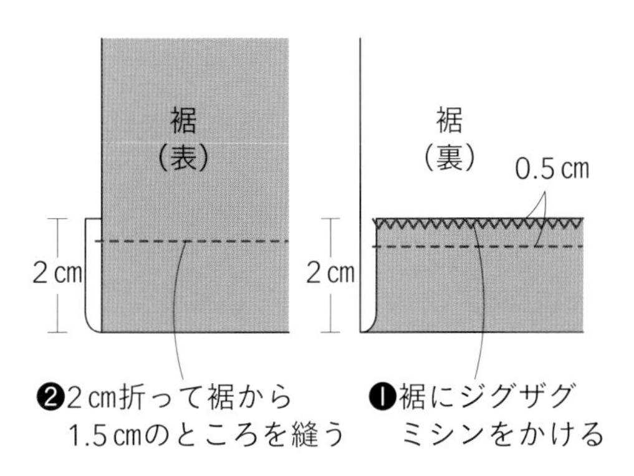

ジャンパースカート

秋に白い実をつけるナンキンハゼの羽織と、朱色の網目模様が素敵なきもの地。活動的なジャンパースカートにしました。

作り方 70ページ

トップスの作り方は 54ページ

ジャンパースカート

材料
きもの地
帯地、紬、小紋など
型紙
胸あて布
ゴム　1cm幅×20cm×2本

工程
1 布を裁つ。
2 ひも、ループを縫う。
3 後ろ胸あて布内側にひもを仮止め。
4 前胸あて布内側にループを仮止め。
5 前・後ろ胸あて布をそれぞれ中表に合わせて縫う。
6 スカートを縫い、スリットを縫う。
7 胸あて布とスカートを縫い合わせる。
8 ゴム通し部分を縫い、ゴムを通す。
9 裾を縫う。

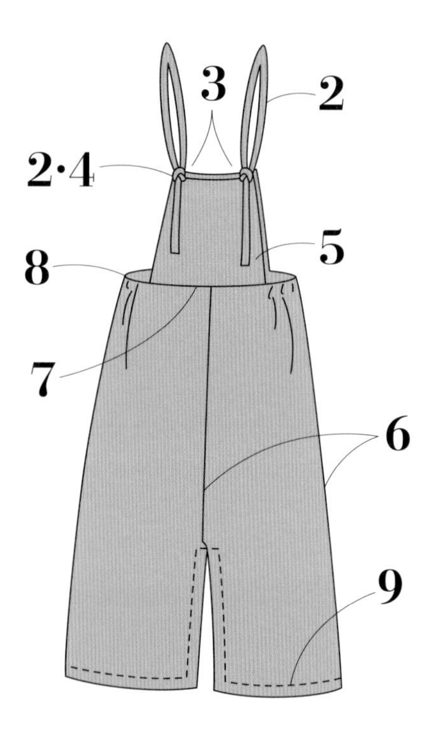

組み立て図

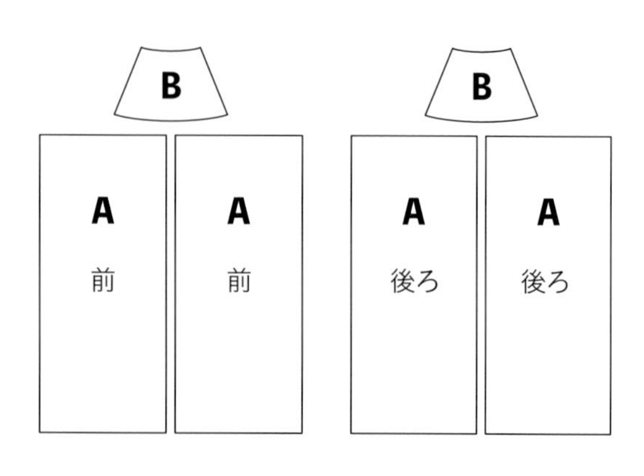

1 布を裁つ

スカート布A4枚、胸あて布B4枚、
肩ひも2本、ループ布2本を裁つ。

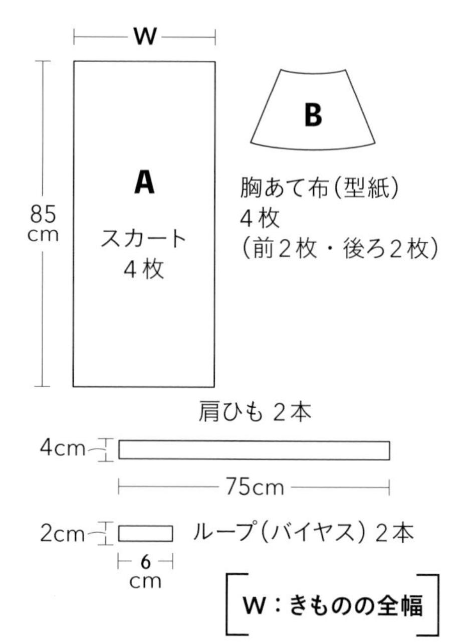

作り方を
動画でも
チェック

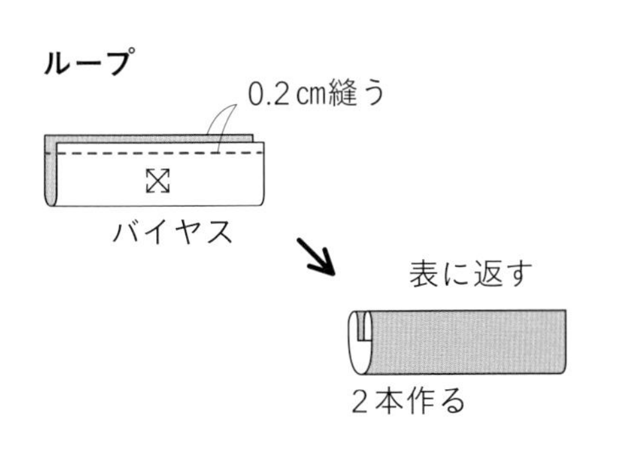

2 ひも、ループを縫う

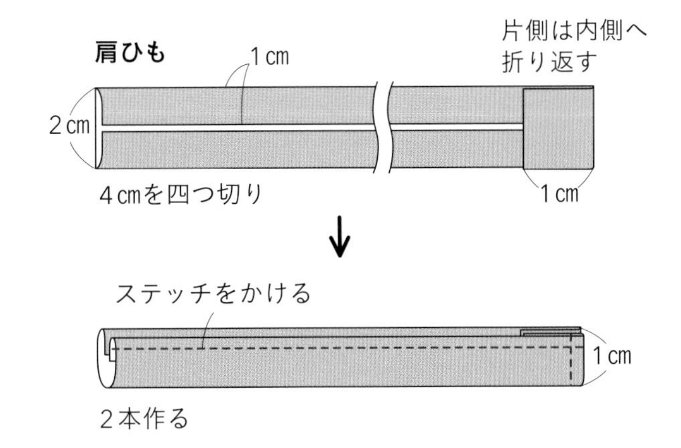

4 前胸あて布内側にループを仮止め

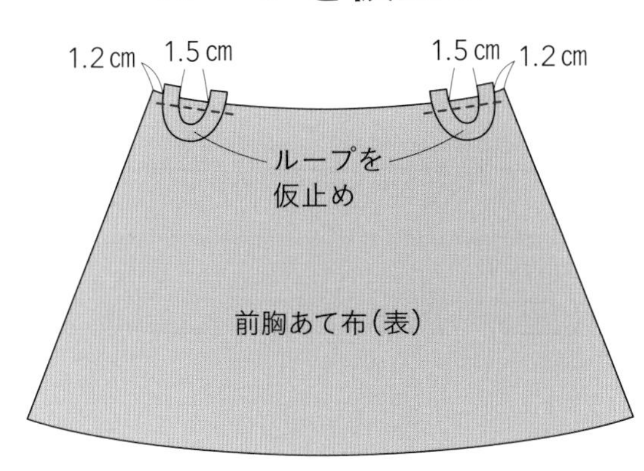

3 後ろ胸あて布内側にひもを仮止め

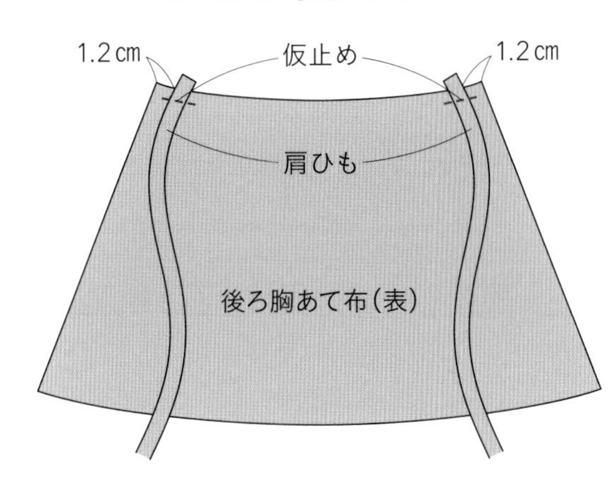

5 前・後ろ胸あて布をそれぞれ中表に合わせて縫う

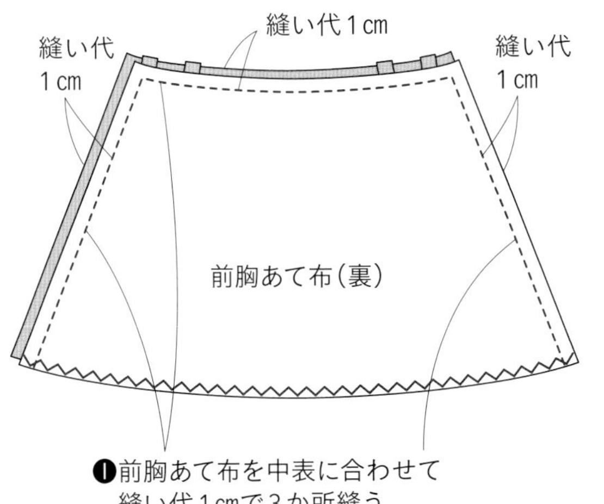

❶前胸あて布を中表に合わせて
縫い代1㎝で3か所縫う
❷下端はジグザグミシンをかける
❸縫い代を割って表に返す

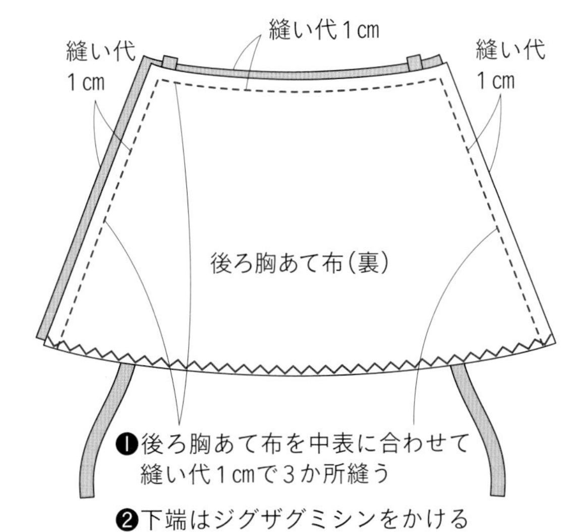

❶後ろ胸あて布を中表に合わせて
縫い代1㎝で3か所縫う
❷下端はジグザグミシンをかける
❸縫い代を割って表に返す

6 スカートを縫い、スリットを縫う

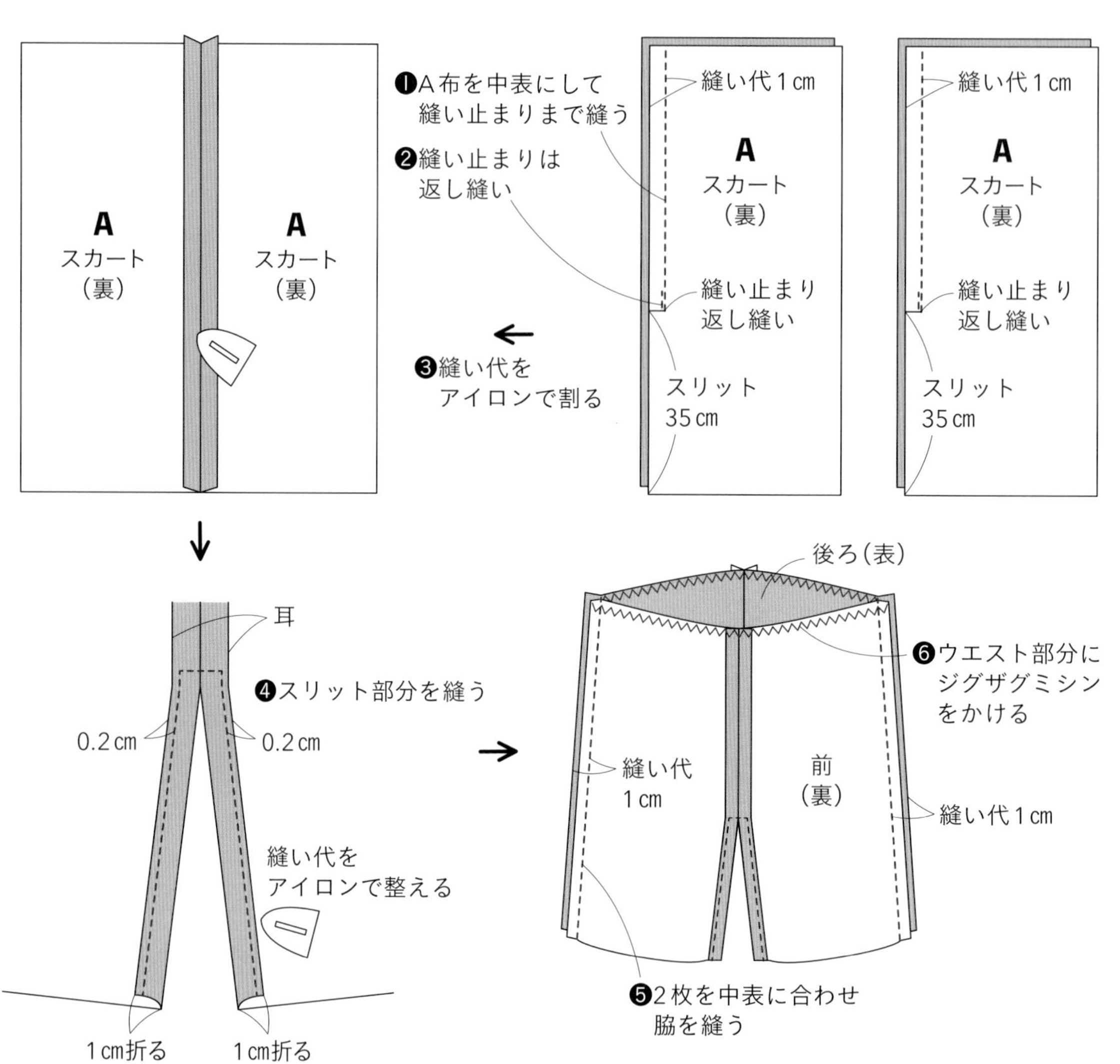

7 胸あて布とスカートを縫い合わせる

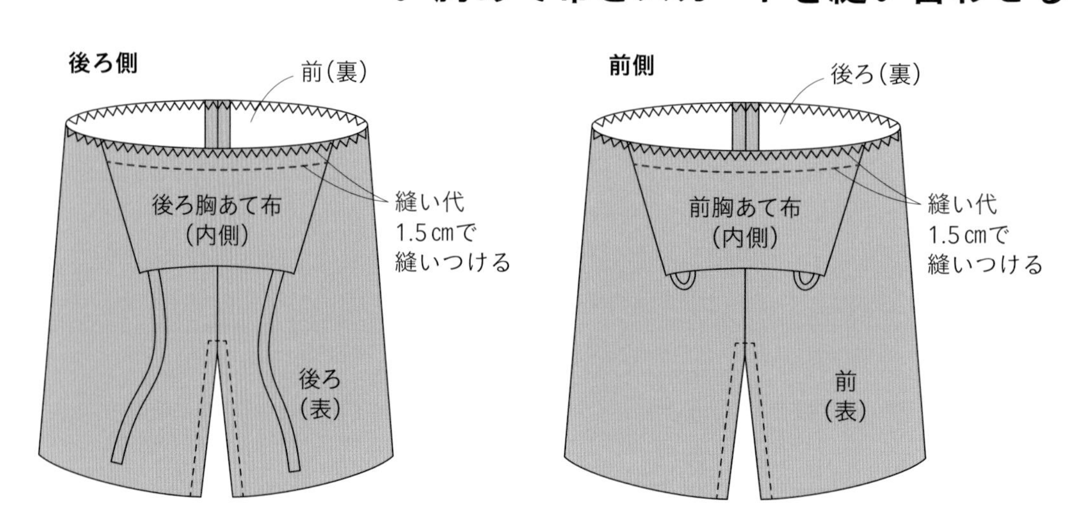

8 ゴム通し部分を縫い、ゴムを通す

9 裾を縫う

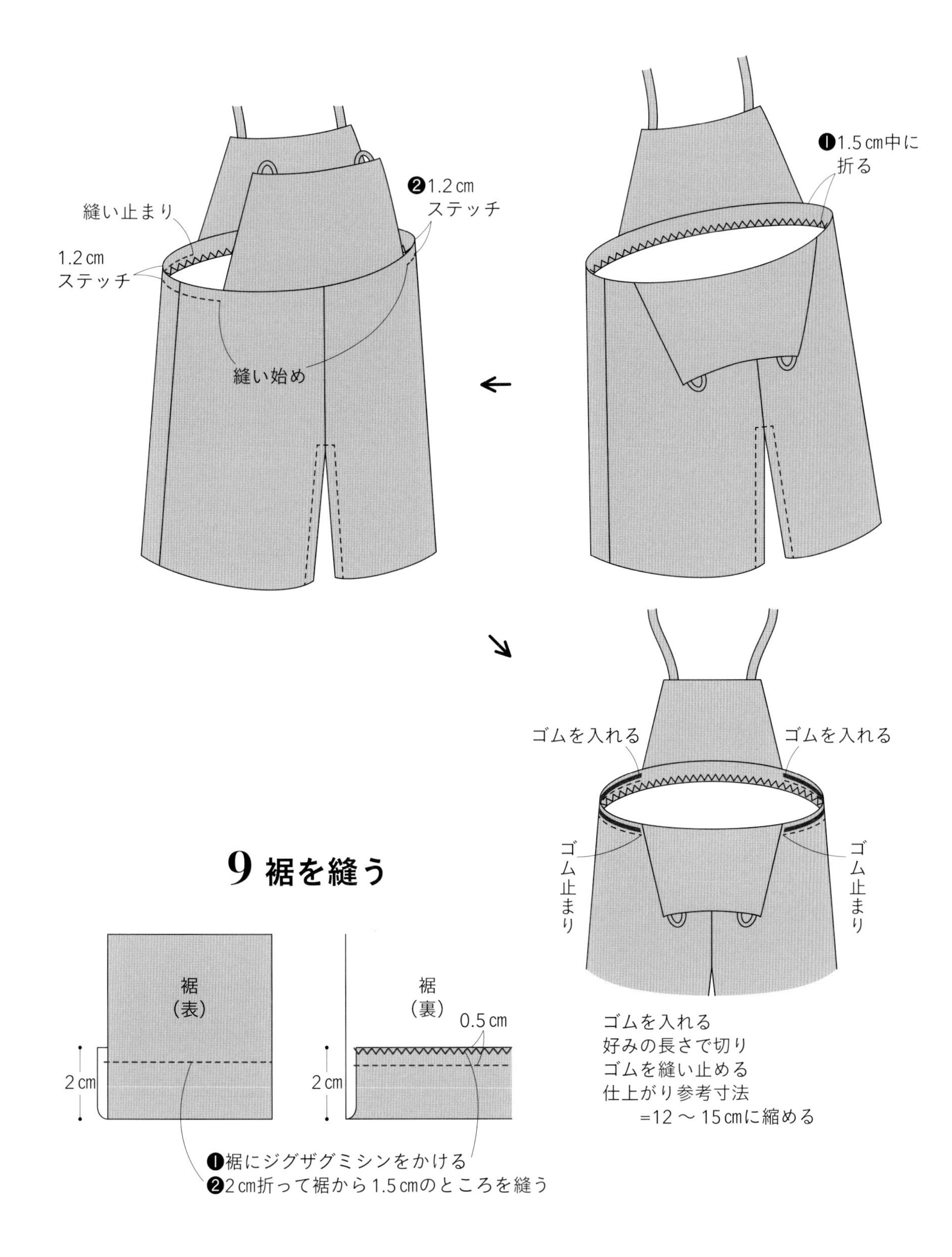

ギャザーワンピース

脇をカットしてはいないけれど、自然にコクーン形に見える。矢印模様の銘仙もバラの花の大島紬も現代的。

作り方 76ページ

ギャザーワンピース

材料
きもの地
帯地、紬、小紋など
型紙
衿ぐり見返し
ゴム　6㎜幅×40㎝×2本

工程
1 布を裁つ。
2 ヨークの肩線を縫い合わせる。
3 衿ぐりに見返し布を縫い合わせる。
4 ポケットを作る。
5 前スカートを縫う。
6 前スカートにポケットを縫いつける。
7 ヨークとスカートを縫い合わせる。
8 袖下をカットして、脇を縫う。
9 袖口を縫い、ゴムを入れる。
10 裾を縫う。

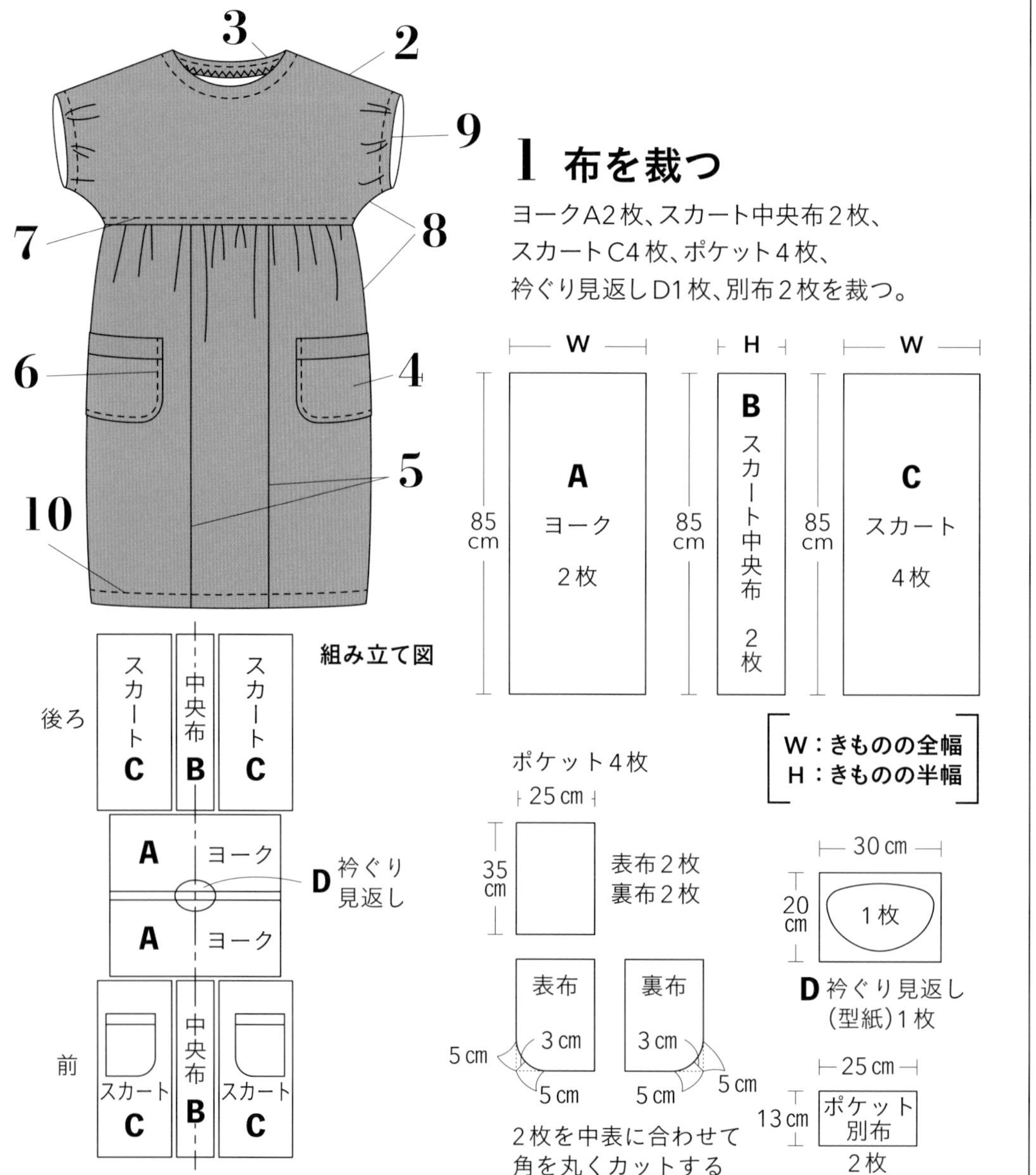

1 布を裁つ

ヨークA2枚、スカート中央布2枚、
スカートC4枚、ポケット4枚、
衿ぐり見返しD1枚、別布2枚を裁つ。

作り方を動画でもチェック

2 ヨークの肩線を縫い合わせる

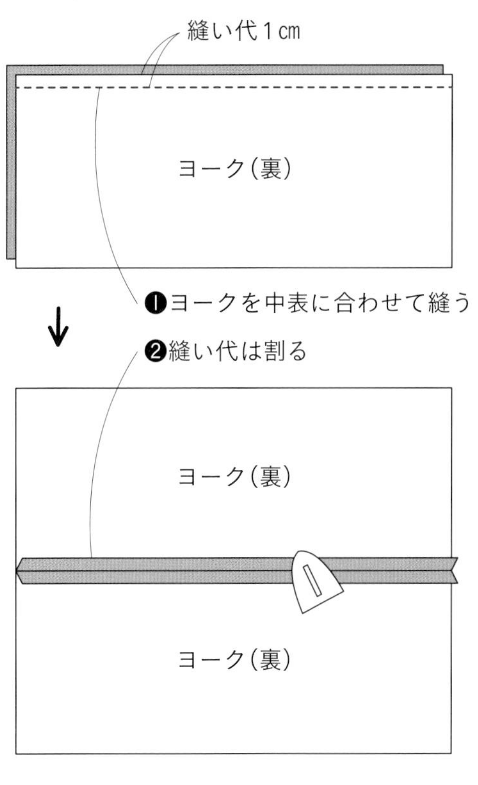

3 衿ぐりに見返し布を縫い合わせる

見返し布
(裏)

❶見返し布の周りに
ジグザグミシンをかける

❷見返しとヨークを
中表に合わせ
縫い合わせる

❸縫った線の内側1cmのところを
身頃と一緒にカットする

後ろヨーク(表)
3cm
見返し布
(裏)
1cm
前ヨーク(表)

❹縫い代に
切り込みを
入れる

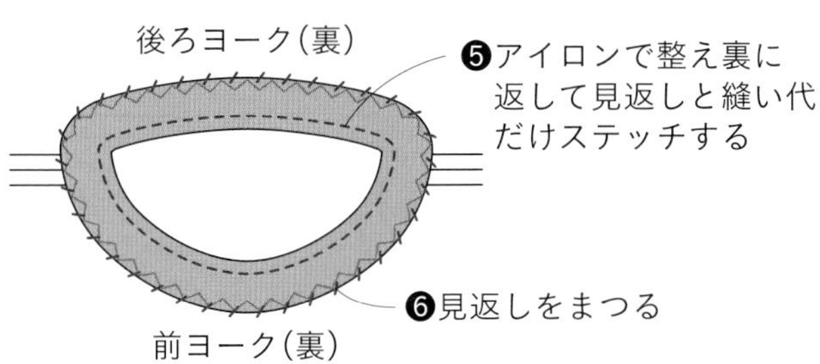

4 ポケットを作る

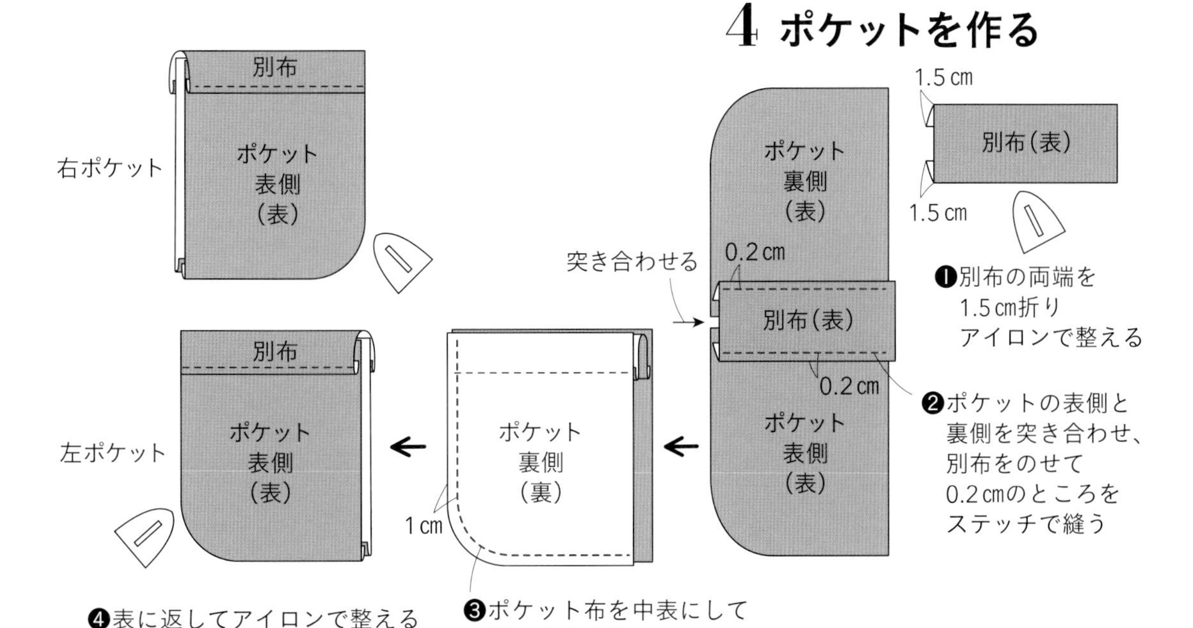

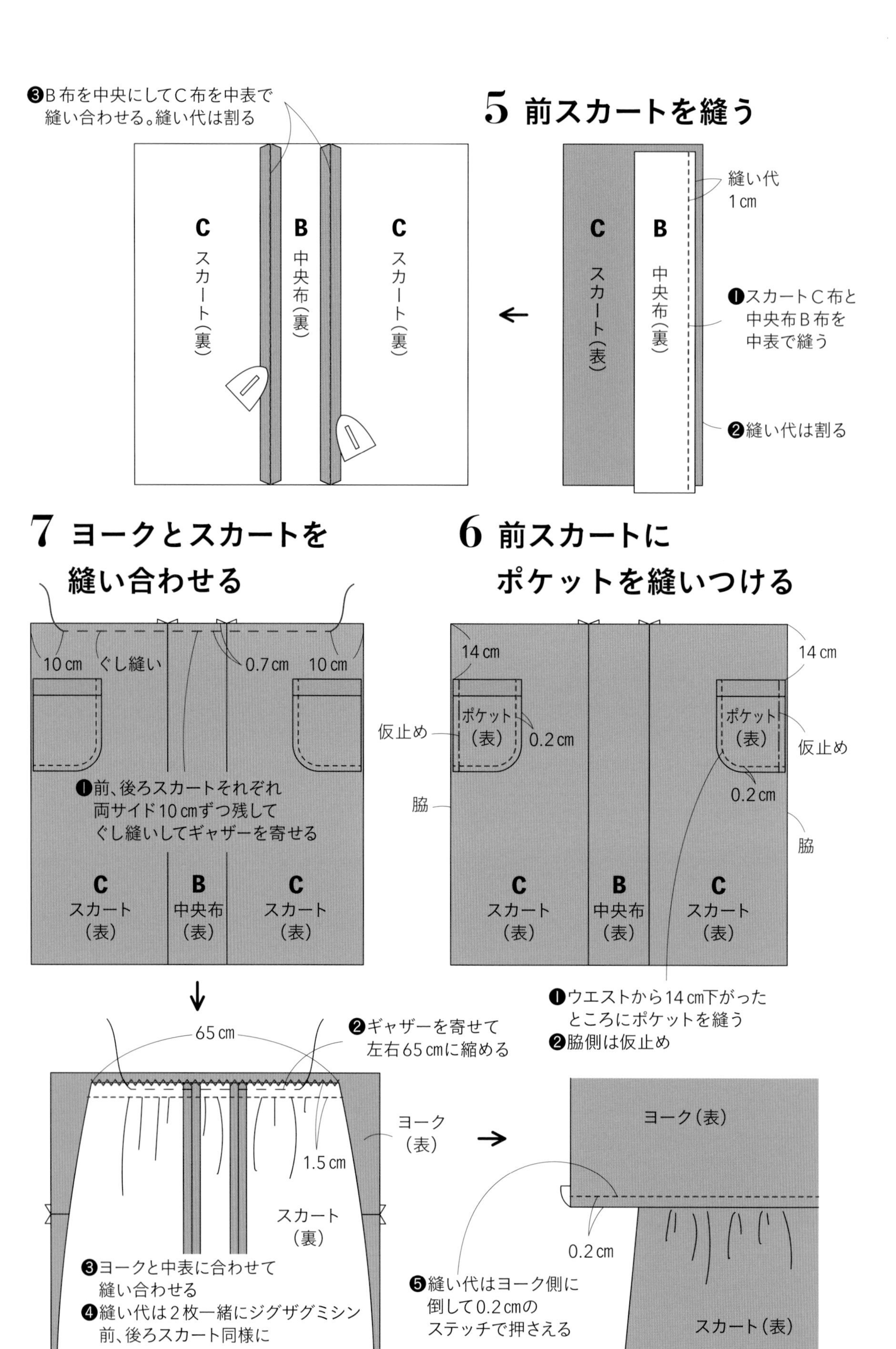
5 前スカートを縫う
縫い代
1cm
C
スカート(表)
B
中央布(裏)
❶スカートC布と
中央布B布を
中表で縫う
❷縫い代は割る
❸B布を中央にしてC布を中表で
縫い合わせる。縫い代は割る
C
スカート(裏)
B
中央布(裏)
C
スカート(裏)
6 前スカートに
ポケットを縫いつける
14cm
14cm
ポケット
(表)
0.2cm
仮止め
ポケット
(表)
仮止め
0.2cm
脇
脇
C
スカート
(表)
B
中央布
(表)
C
スカート
(表)
❶ウエストから14cm下がった
ところにポケットを縫う
❷脇側は仮止め
7 ヨークとスカートを
縫い合わせる
10cm
ぐし縫い
0.7cm
10cm
❶前、後ろスカートそれぞれ
両サイド10cmずつ残して
ぐし縫いしてギャザーを寄せる
C
スカート
(表)
B
中央布
(表)
C
スカート
(表)
65cm
❷ギャザーを寄せて
左右65cmに縮める
ヨーク
(表)
1.5cm
スカート
(裏)
❸ヨークと中表に合わせて
縫い合わせる
❹縫い代は2枚一緒にジグザグミシン
前、後ろスカート同様に
ヨーク(表)
0.2cm
❺縫い代はヨーク側に
倒して0.2cmの
ステッチで押さえる
スカート(表)

8 袖下をカットして、脇を縫う

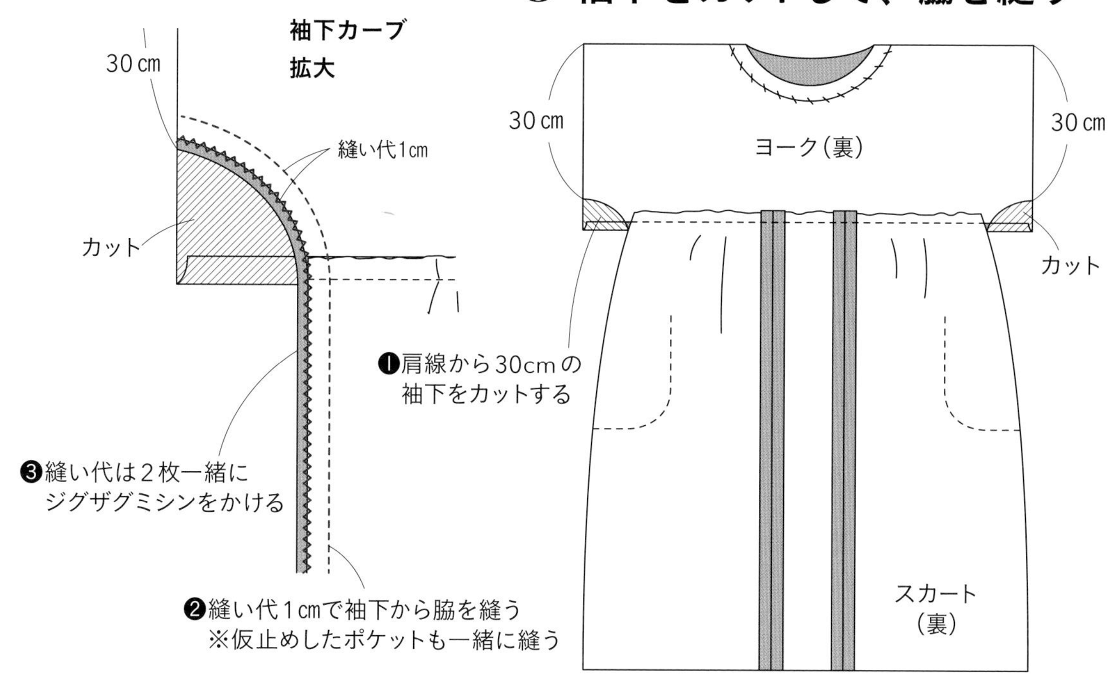

9 袖口を縫い、ゴムを入れる

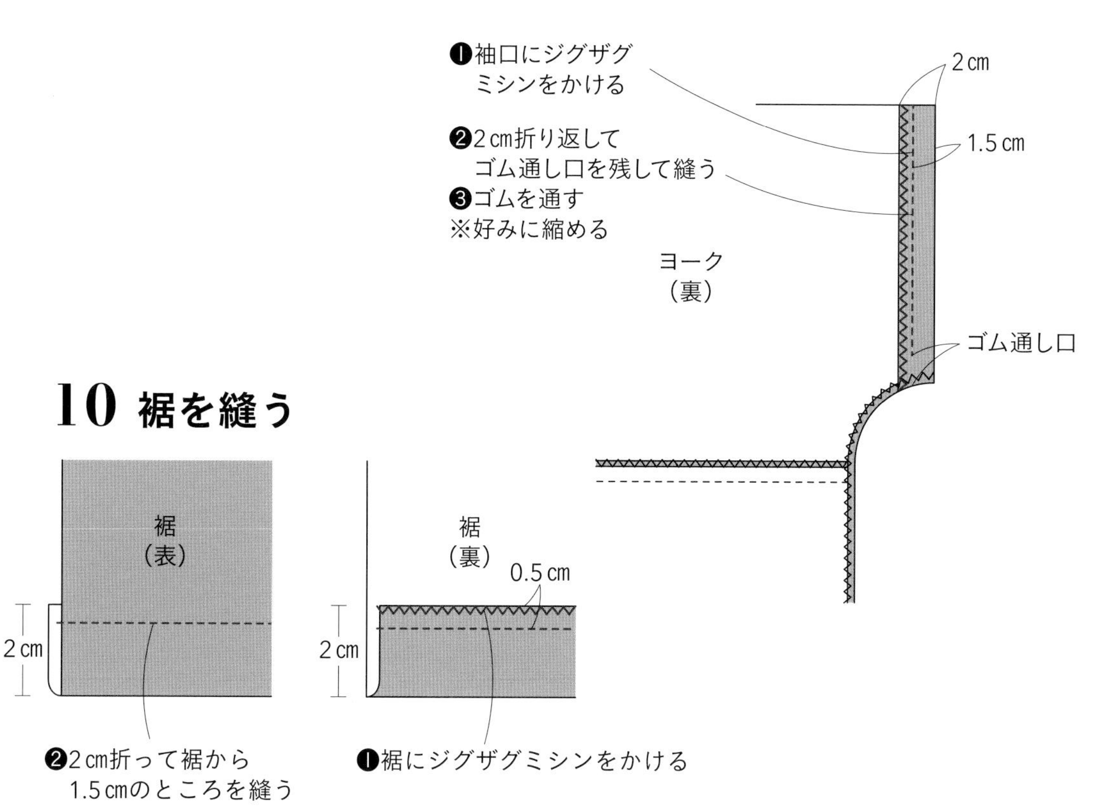

10 裾を縫う

ケープ袖のワンピース

袖口をケープのように仕立てた
個性的なデザインのワンピース。
衿を立てるように着てほしい。

作り方 82ページ

ケープ袖のワンピース

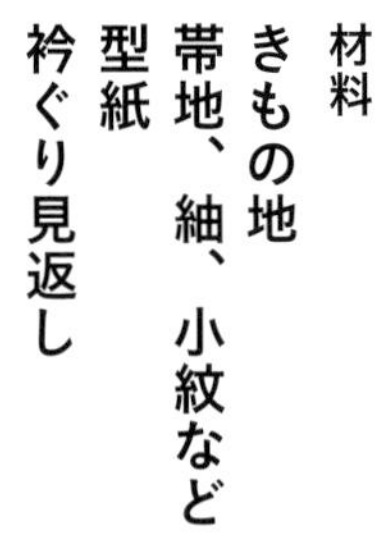

材料
きもの地
帯地、紬、小紋など
型紙
衿ぐり見返し

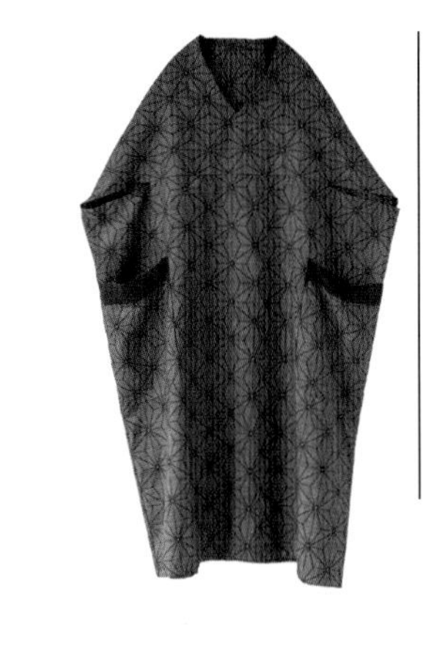

工程
1 布を裁つ。
2 A布の中心に衿ぐり見返しをつける。
3 B布をA布の後ろ側に縫いつける。
4 ポケットを作る。
5 前スカートを縫う。
6 前スカートにポケットをつける。
7 前ヨーク部分に前スカートを縫い合わせる。
8 脇を縫う。
9 袖口にステッチをかける。
10 裾を縫う。

1 布を裁つ

A布1枚、後ろ中心布B1枚、
前スカートC2枚、
前中心布D1枚、
衿ぐり見返し布1枚を裁つ。

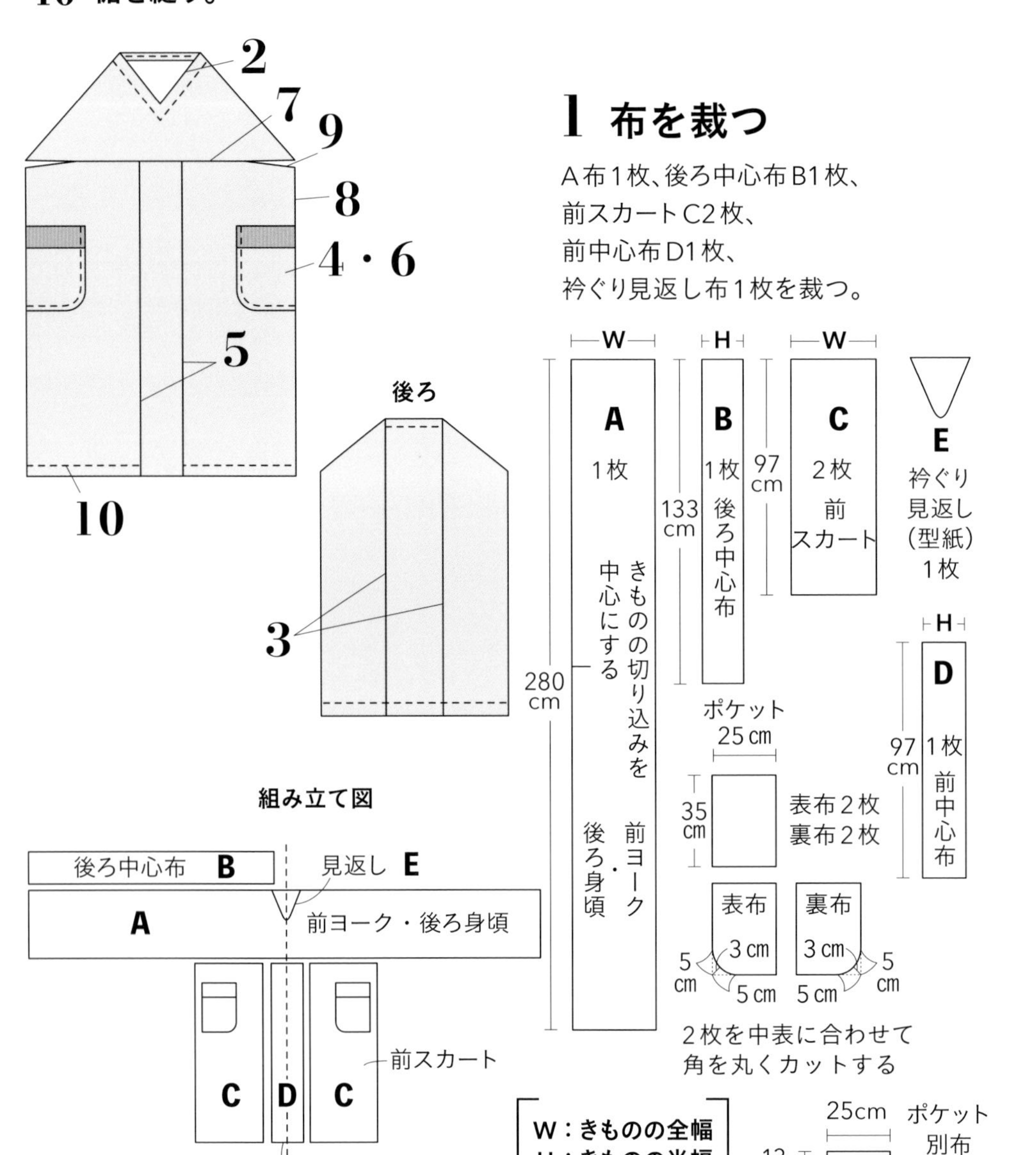

作り方を動画でもチェック

2 A布の中心に衿ぐり見返しをつける

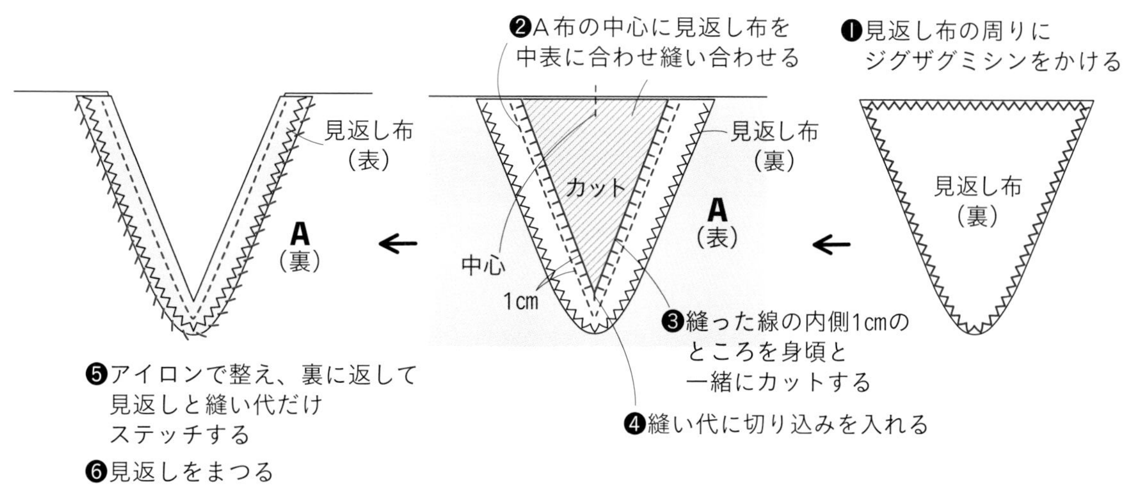

3 B布をA布の後ろ側に縫いつける

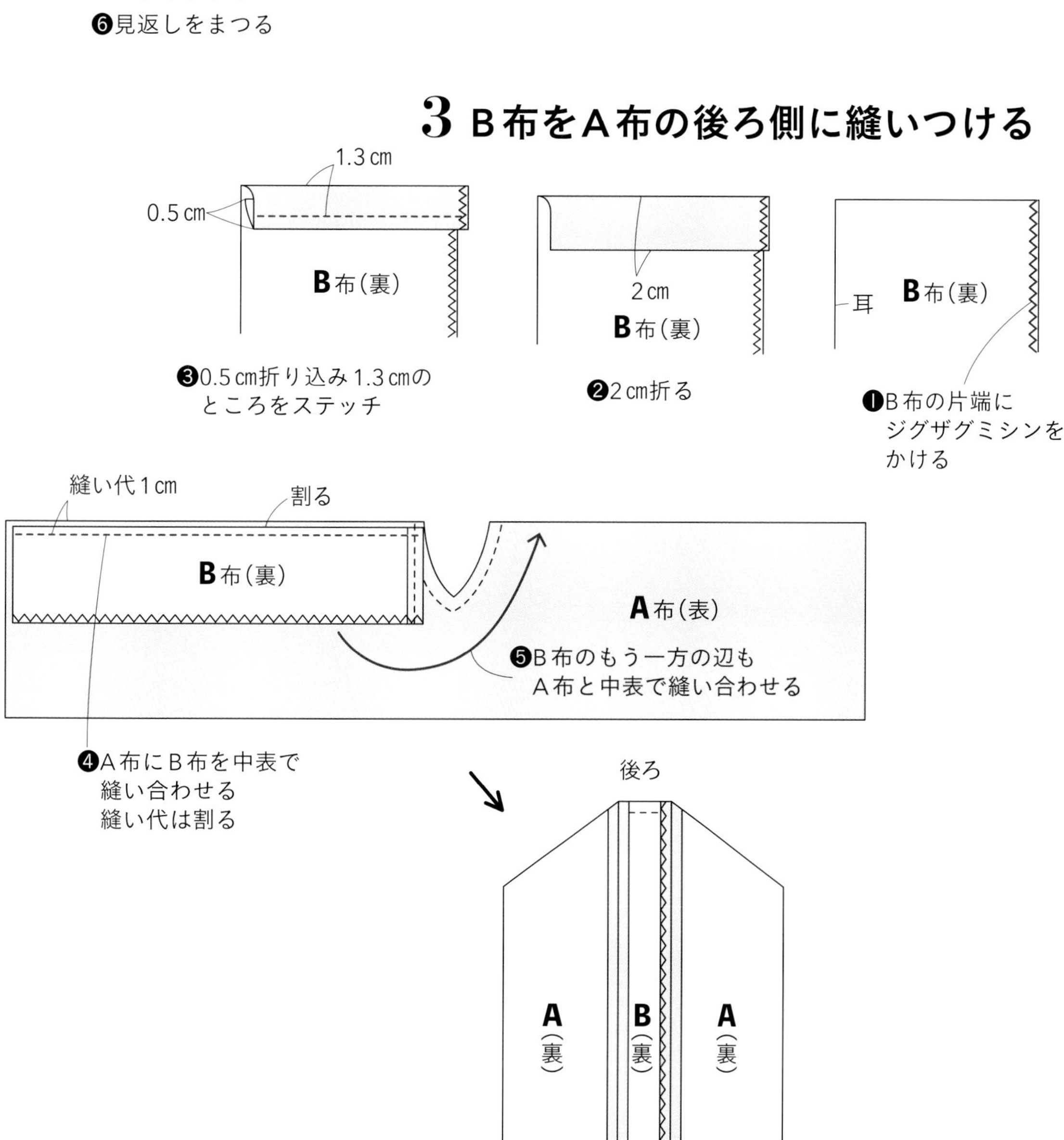

4 ポケットを作る

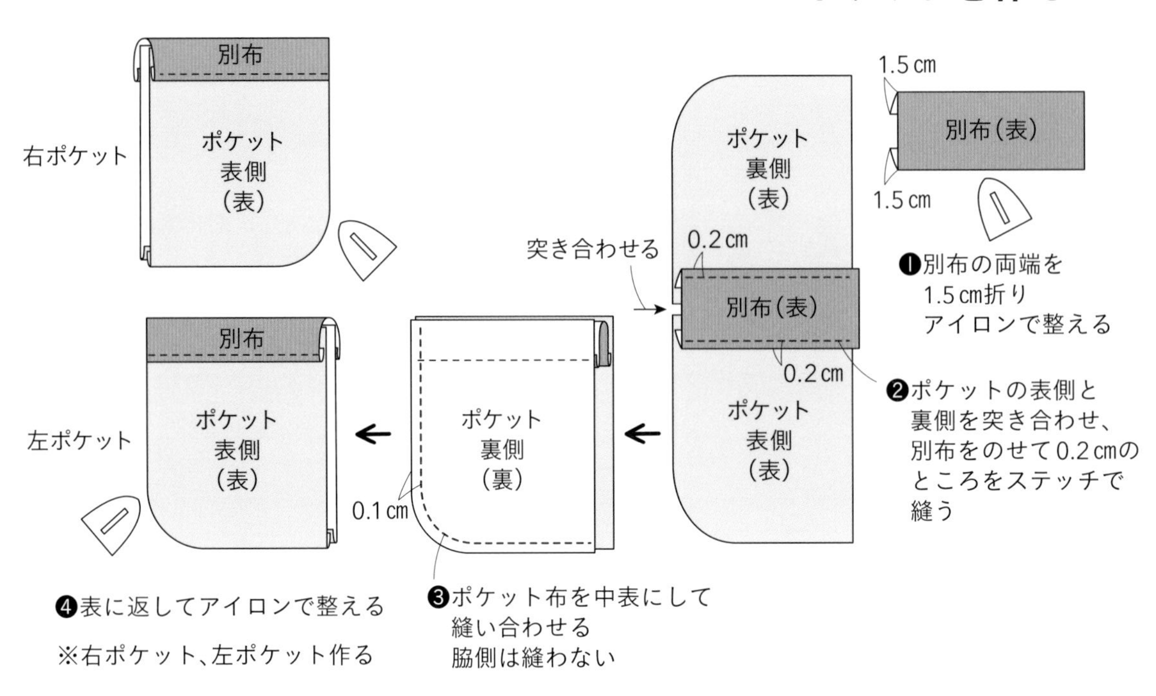

❶別布の両端を1.5cm折りアイロンで整える

❷ポケットの表側と裏側を突き合わせ、別布をのせて0.2cmのところをステッチで縫う

❸ポケット布を中表にして縫い合わせる
脇側は縫わない

❹表に返してアイロンで整える

※右ポケット、左ポケット作る

5 前スカートを縫う

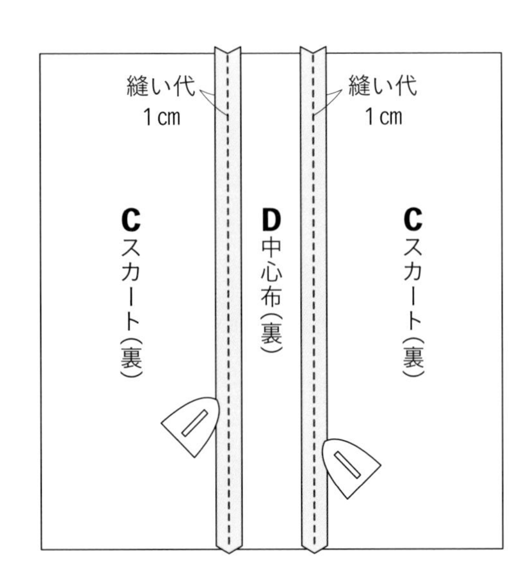

❶C布とDの布を中表で縫い合わせる

❷縫い代は割る

6 前スカートにポケットをつける

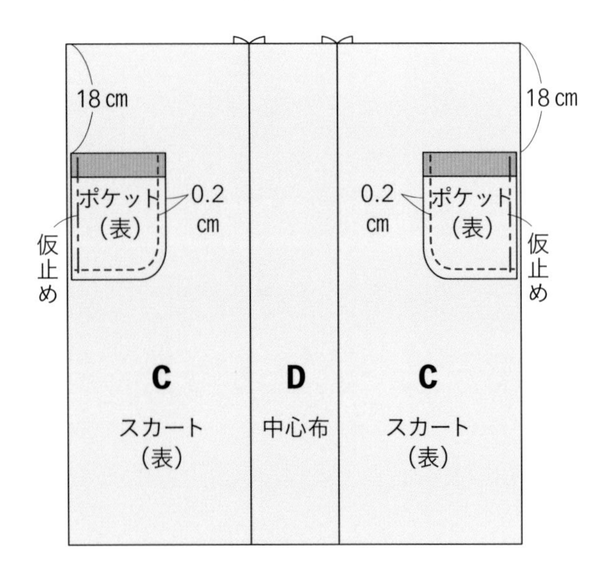

❶ウエストから18cm下がったところにポケットを縫う

❷脇側は仮止め

7 前ヨーク部分に前スカートを縫い合わせる

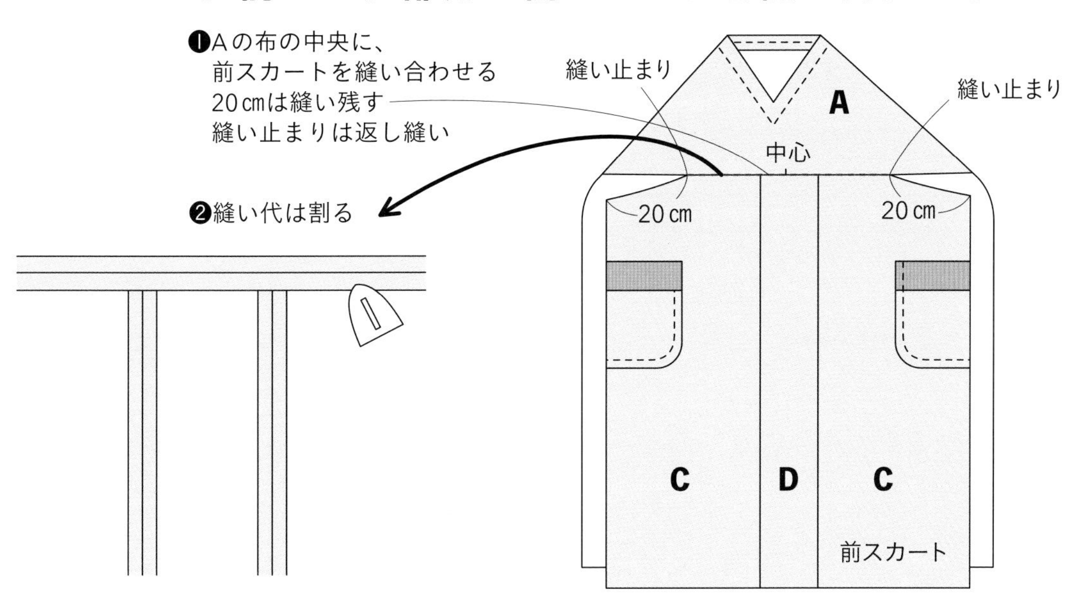

9 袖口にステッチをかける

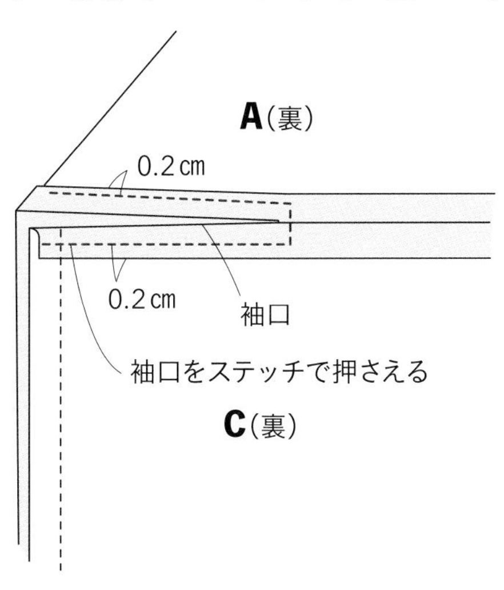

8 脇を縫う

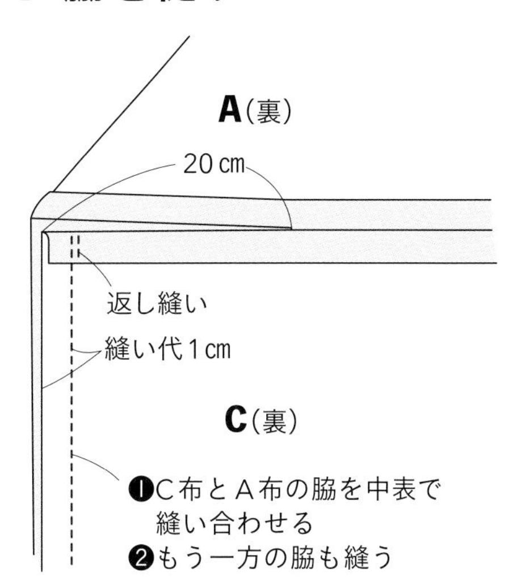

10 裾を縫う

※布幅により裾線に違いが出ます。
裾のラインを合わせてカットします

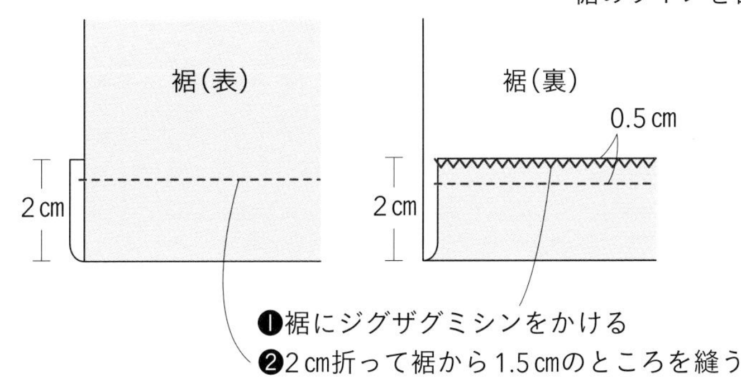

半袖のコート

羽織の衿ぐりをそのまま利用したコート。
黄色などはっきりした色でも着こなしやすい。
黒地に丸い模様のきもの地は、透け感のある紗（しゃ）です。

作り方 88ページ

半袖のコート

材料
きもの地
帯地、紬、小紋など

作り方を
動画でも
チェック

工程
1 布を裁つ。
2 身頃布を中表にして後ろ中心を縫う。
3 衿ぐりをバイアステープで始末する。
バイアステープの続きを三つ折りで縫う。
4 脇を縫う。
5 袖布を作り、身頃に縫いつける。
6 スリットを縫う。
7 裾を縫う。
※好みでひもをつける。

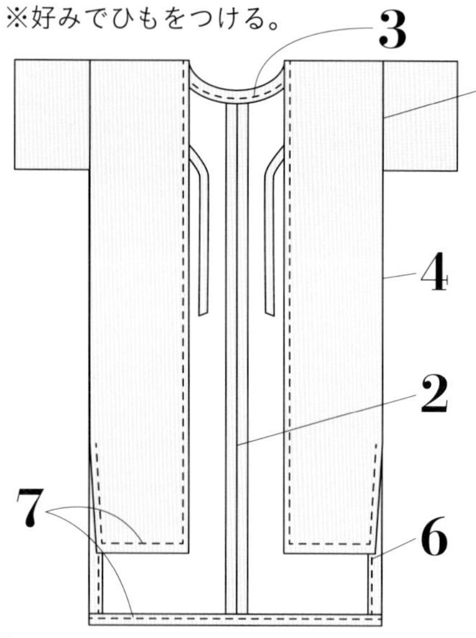

1 布を裁つ

羽織の身頃をそのまま利用する。
前後身頃A・B、袖C2枚を裁つ。
バイアステープ、ひもを用意する。

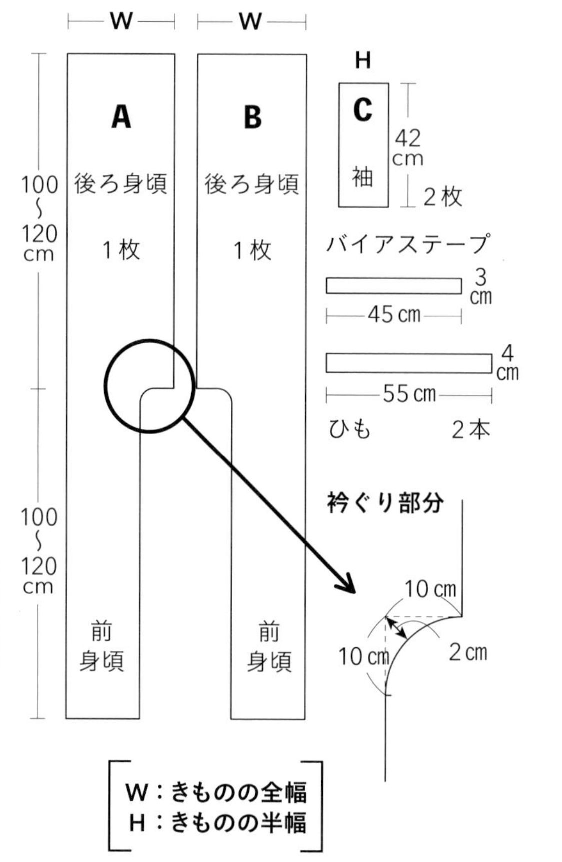

2 身頃布を中表にして後ろ中心を縫う

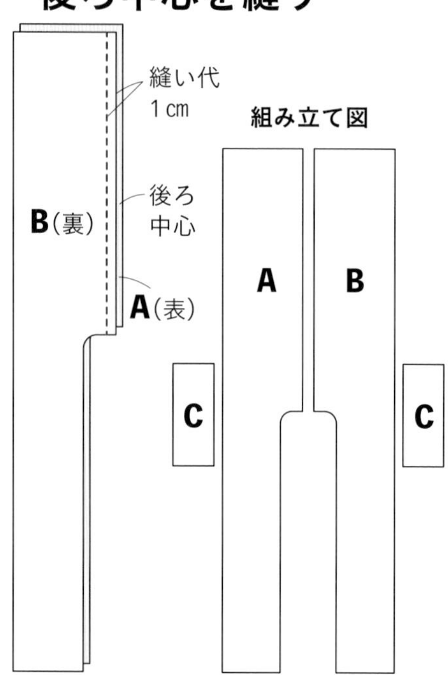

4 脇を縫う

3 衿ぐりをバイアステープで始末する

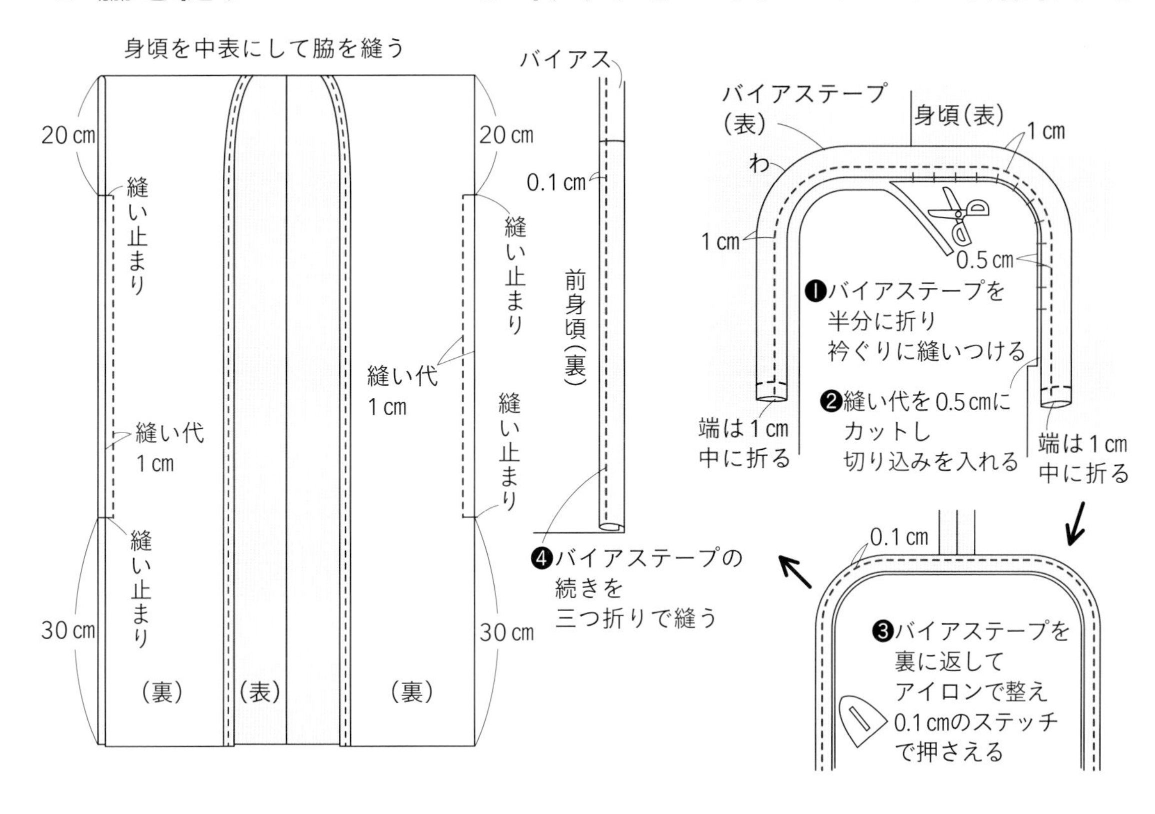

6 スリットを縫う

5 袖布を作り、身頃に縫いつける

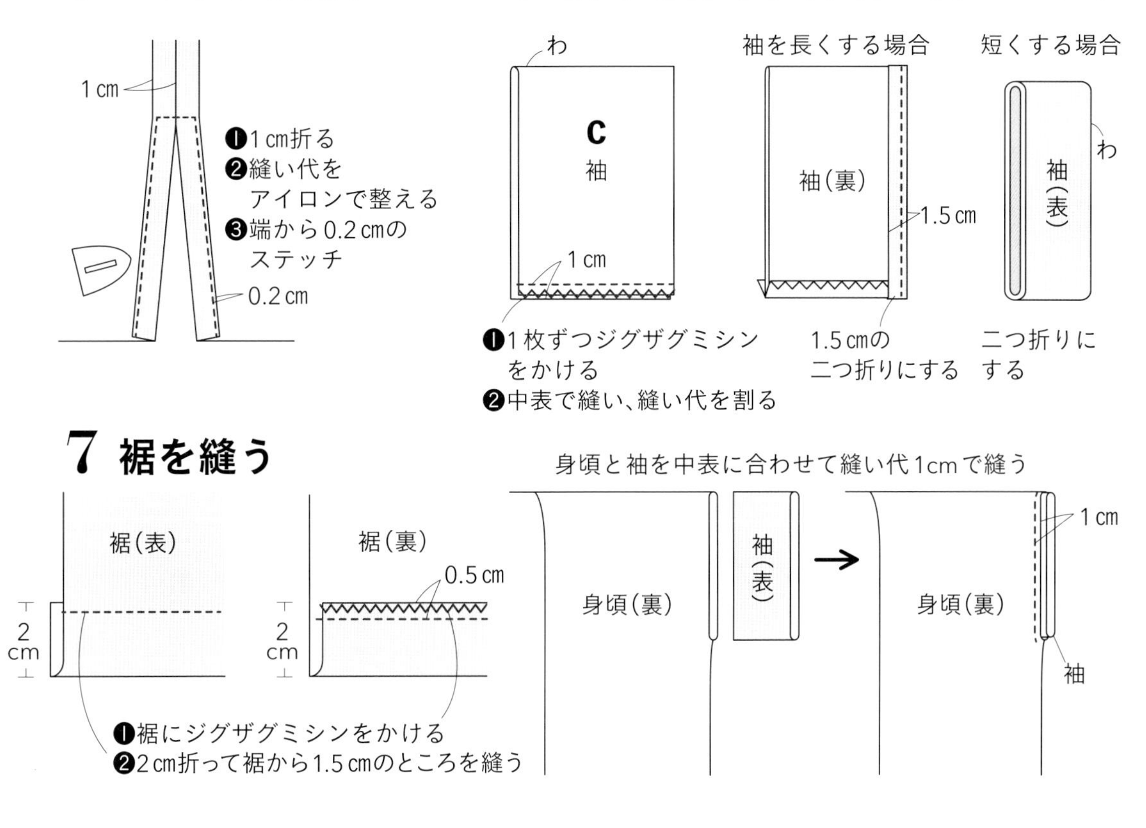

第4章

いろいろ使える小物作り

洋服を作って余った端切れや、
帯を使ってできる小物を提案します。
巾着やエコバッグは、いくつあっても困りません。
布の組み合わせを考えるのも楽しいものです。

3Wayエコバッグ

ひもを「内側で結ぶ」、「外側で結ぶ」「結ばない」の3Way。素材は左から夏帯、浴衣、帯芯です。大きさは、大、中、小あります。

作り方 94ページ

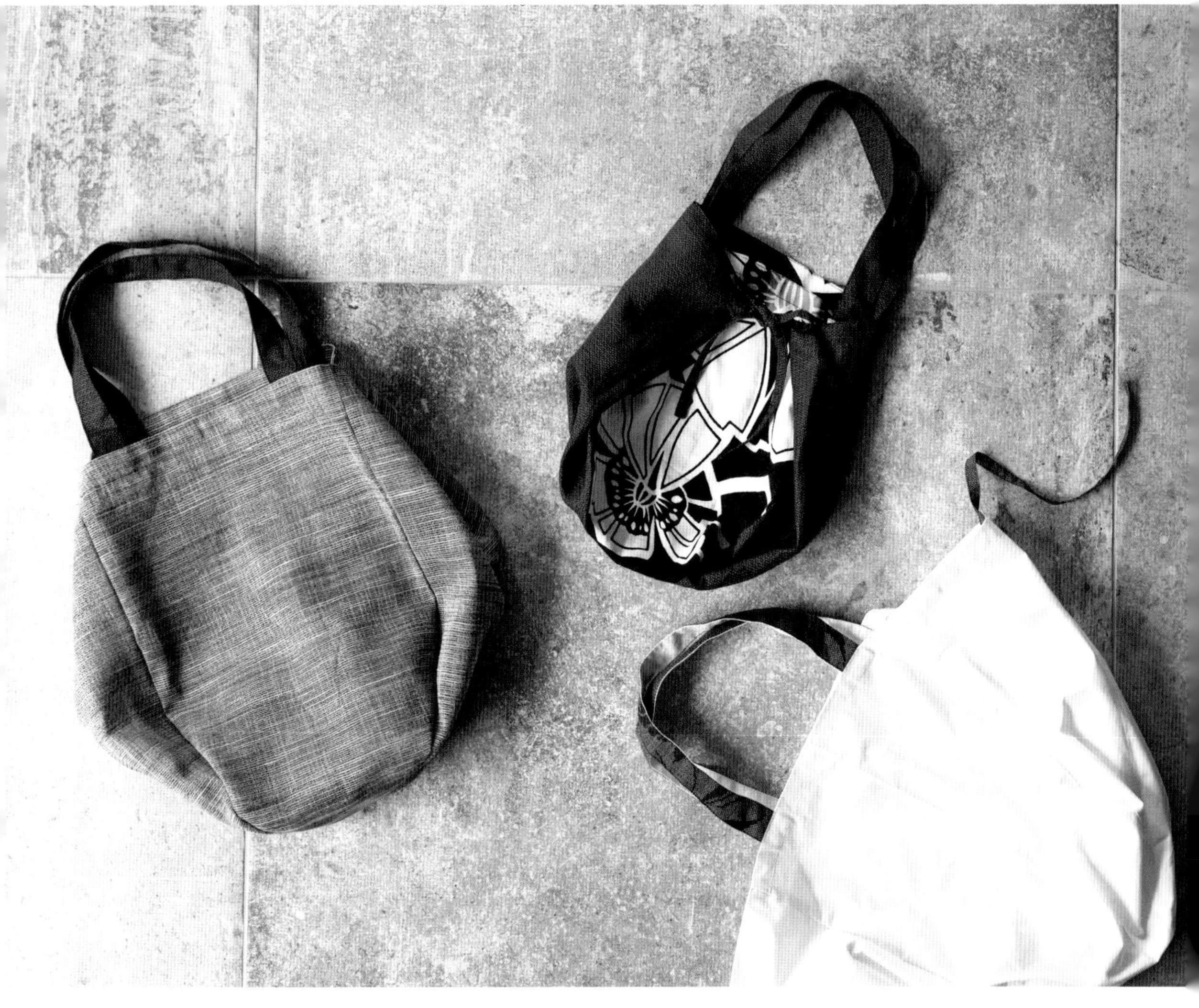

3Wayエコバッグ

材料
きもの地
帯地、紬、小紋など

作り方を動画でもチェック

工程
1 布を裁つ。
2 持ち手を縫う。
3 ひもを縫う。
4 本体布４枚を中表で縫い合わせる。
5 持ち手とひもを仮止めする。
6 入れ口を縫う。

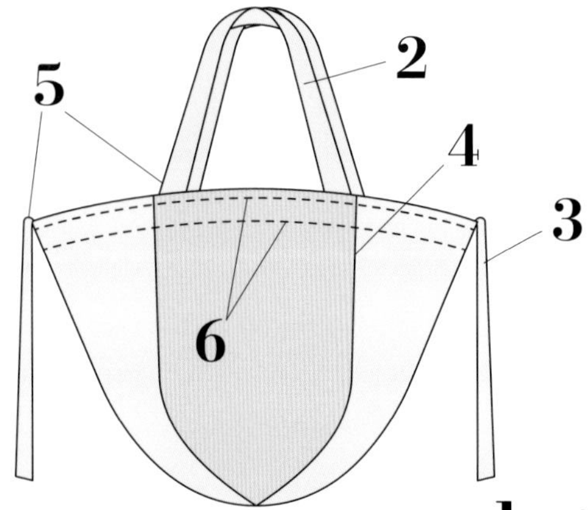

1 布を裁つ

作りたい大きさの寸法で、布を４枚裁つ。
持ち手、ひもの布を裁つ。

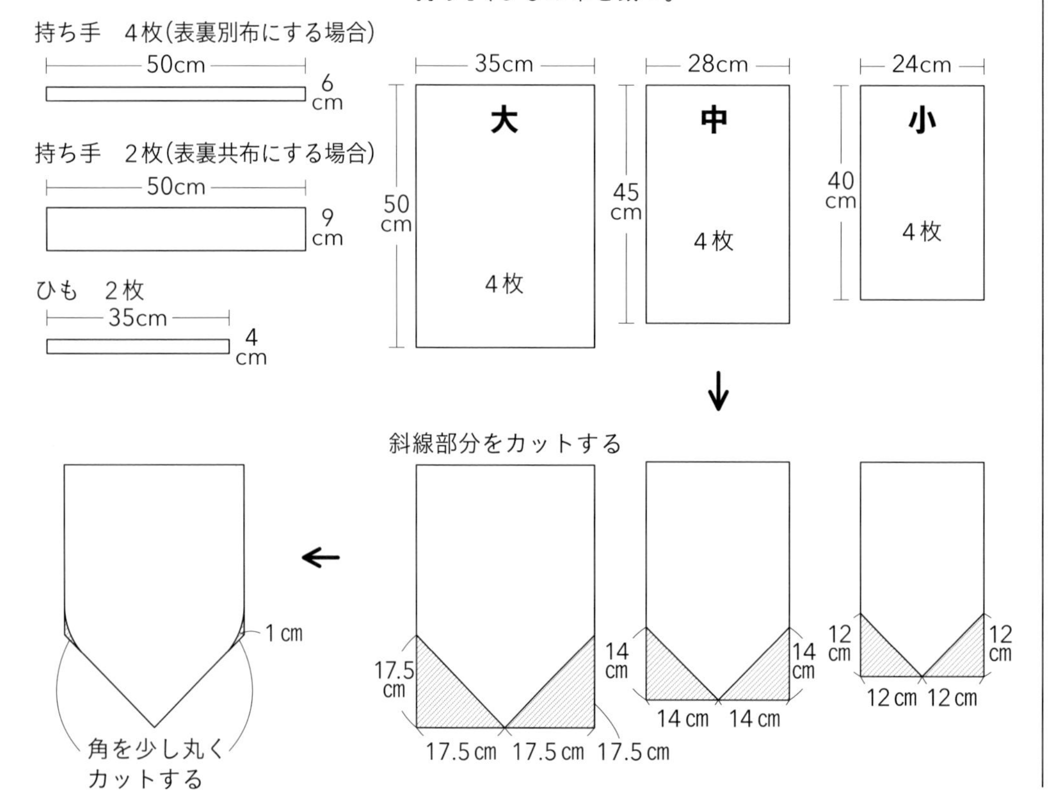

2 持ち手を縫う

※持ち手の表裏を別布にする場合

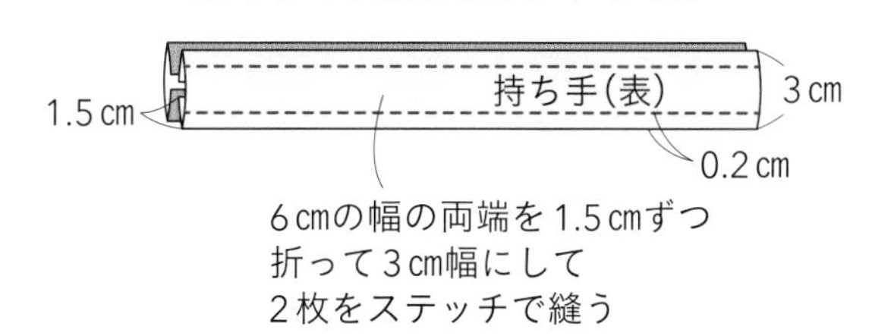

6cmの幅の両端を1.5cmずつ
折って3cm幅にして
2枚をステッチで縫う

※持ち手の表裏を同じ布にする場合

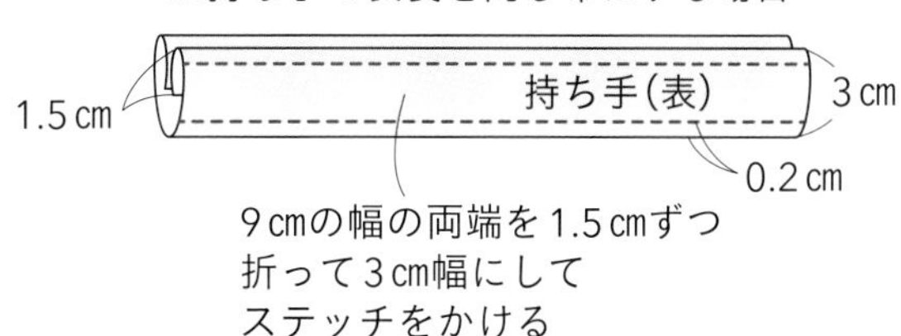

9cmの幅の両端を1.5cmずつ
折って3cm幅にして
ステッチをかける

3 ひもを縫う

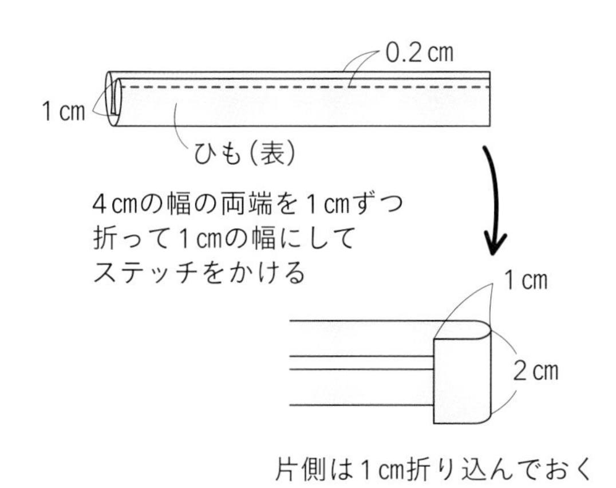

4cmの幅の両端を1cmずつ
折って1cmの幅にして
ステッチをかける

片側は1cm折り込んでおく

4 本体布4枚を中表で縫い合わせる

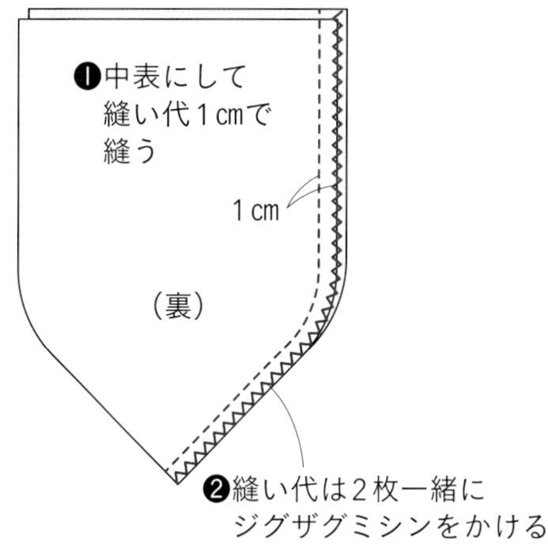

❷縫い代は2枚一緒に
ジグザグミシンをかける

5 持ち手とひもを仮止めする

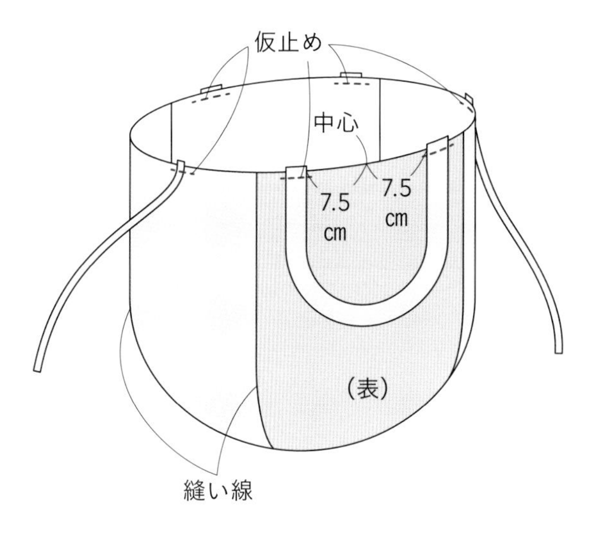

持ち手とひものつけ位置

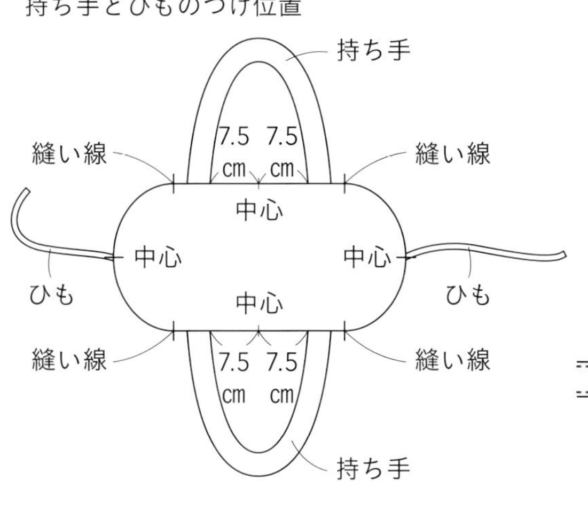

6 入れ口を縫う

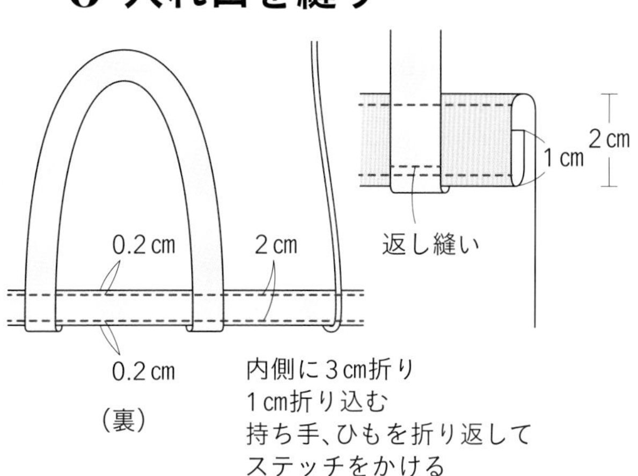

内側に3cm折り
1cm折り込む
持ち手、ひもを折り返して
ステッチをかける

三角マチのトートバッグ

帯を生かしたバッグ。小旅行にもいい、たっぷり入る大きさ。別布を底から三角マチへと使ってアクセントに。

作り方 97ページ

三角マチのトートバッグ

材料
きもの地
帯地、紬、小紋など
型紙
本体、底布型紙

工程

1 布を裁つ。
2 持ち手を縫う。
3 ポケットを縫う。
4 本体と底布を縫い合わせる。
5 三角マチを縫う。
6 持ち手を仮止めする。
7 内布にポケットをつけ、内布を縫う。
8 表布と内布を縫い合わせる。
9 入れ口をステッチで押さえる。

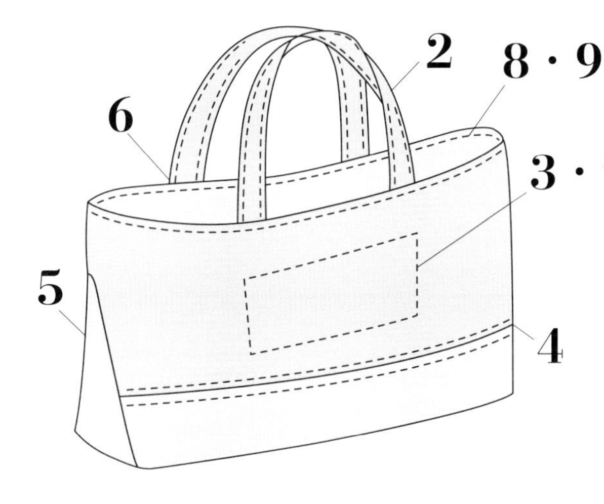

1 布を裁つ

本体２枚、底布１枚、内布２枚、持ち手２枚、持ち手別布２枚、ポケット布２枚を裁つ。

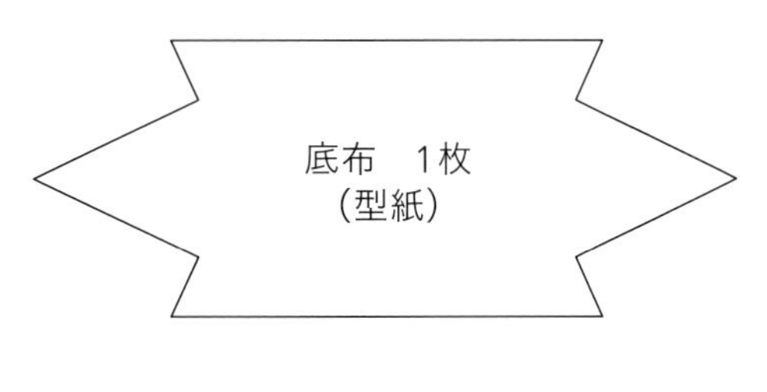

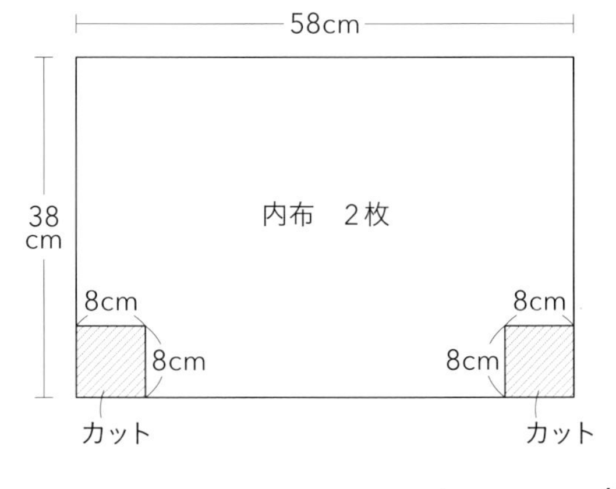

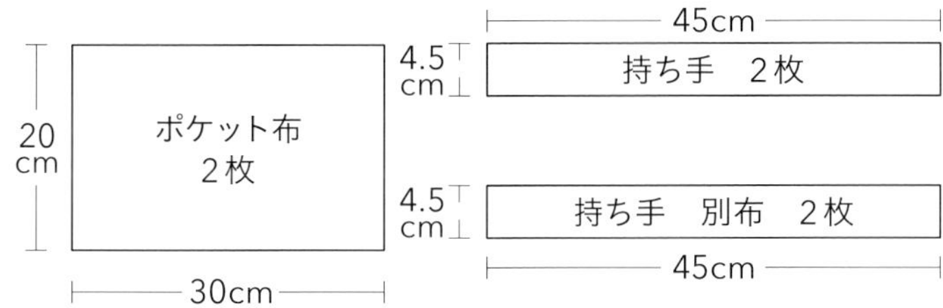

作り方を動画でもチェック

3 ポケットを縫う

返し口
ポケット（裏）
縫い代1㎝

❶ポケット布2枚を
中表にして返し口を
残して縫う

返し口
ポケット（表）

❷表に返して
アイロンで整える

2 持ち手を縫う

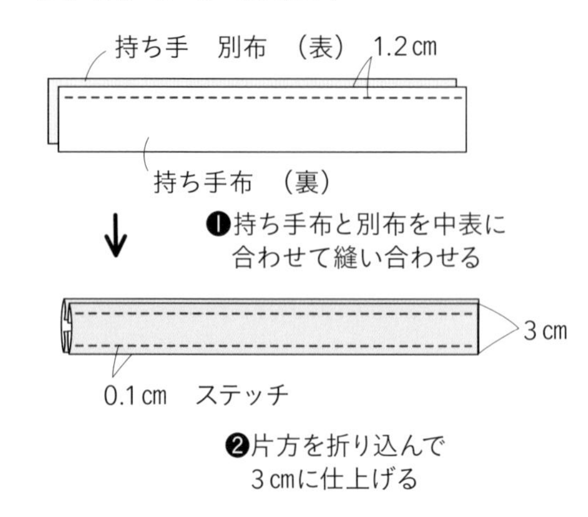

❶持ち手布と別布を中表に
合わせて縫い合わせる

❷片方を折り込んで
3㎝に仕上げる

4 本体と底布を縫い合わせる

❶本体と底布を中表で縫う

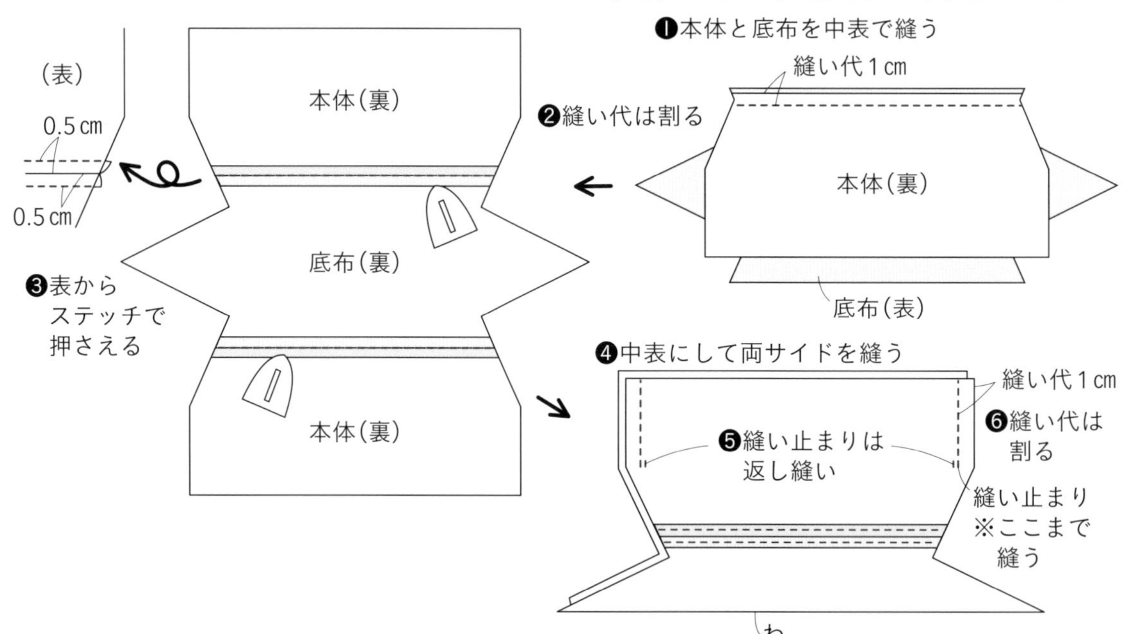

❷縫い代は割る

❸表から
ステッチで
押さえる

❹中表にして両サイドを縫う

❻縫い代は
割る

6 持ち手を仮止めする

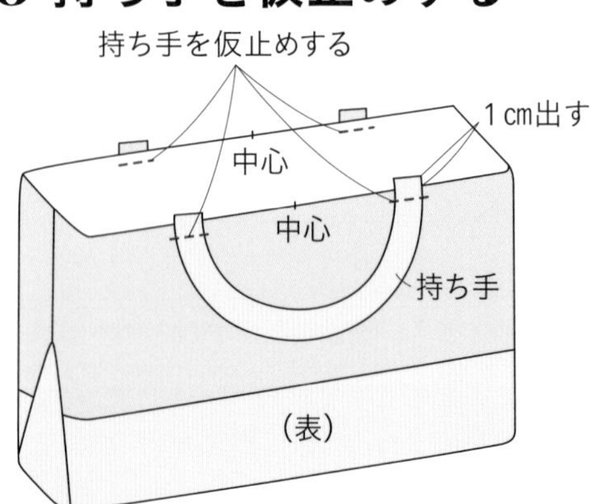

5 三角マチを縫う

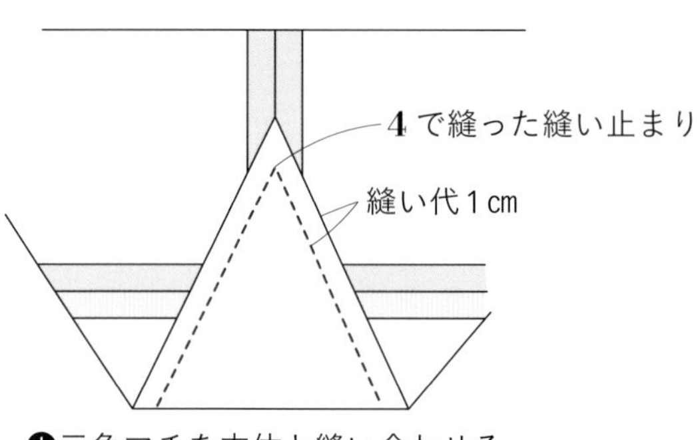

❶三角マチを本体と縫い合わせる

❷縫い代は割ってアイロンで整える

7 内布にポケットをつけ、内布を縫う

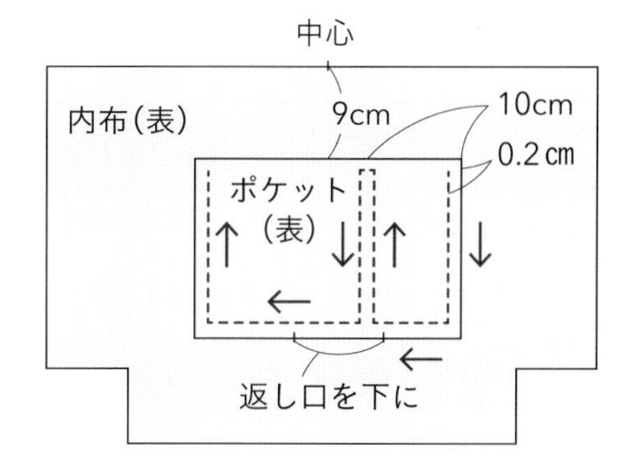

ポケットの縫いつけは
ひと筆で縫う

❶内布の両サイドを縫う

❷底を返し口を残して縫う

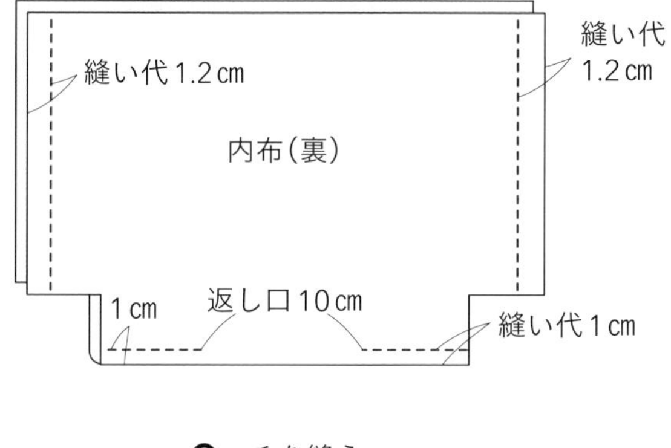

❸マチを縫う

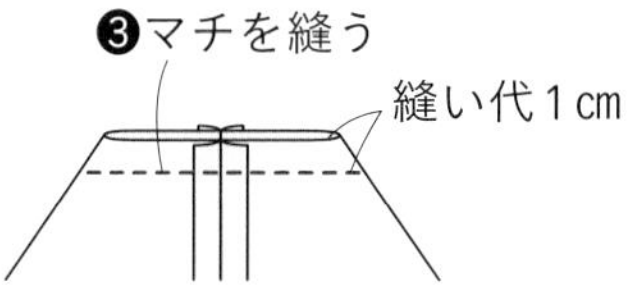

8 表布と内布を縫い合わせる

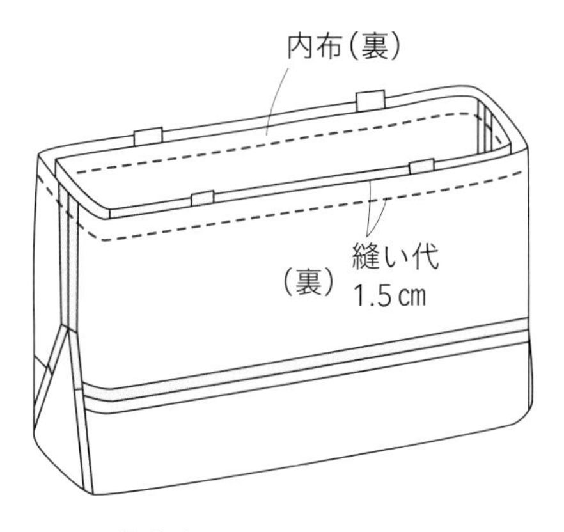

❶内布をアイロンで整えて
表布と中表に合わせる

❷入れ口を縫い代1.5cmで縫う

9 入れ口をステッチで押さえる

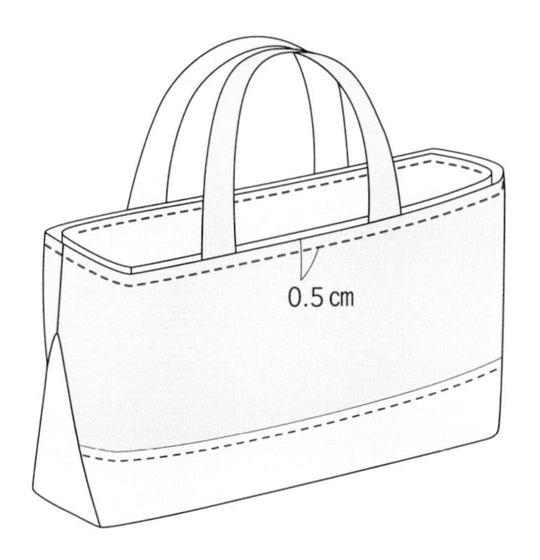

❶返し口から表に返して
アイロンで整える

❷返し口をとじる

❸入れ口をステッチで押さえる

リバーシブル巾着

ころっとかわいい巾着を、
リバーシブルで作りました。
洋服を作った余りの布を活用して、
合わせて持つのも楽しいもの。
服とおそろいの布はあえて内側に。

作り方 102ページ

まんまるクッション

数種類の布を組み合わせることもできるデザイン。
柄選びを楽しんで作りましょう。
わたをたっぷり入れて、大、中、小お好みの大きさに。

作り方 104ページ

リバーシブル巾着

材料
きもの地
帯地、紬、小紋など
ひも　85cm×2本

工程
1 布を裁つ。
2 A布4枚を縫う。
3 B布4枚を縫う。
4 AとBを中表にして入れ口を縫う。
5 表に返して返し口をとじ、ひも通し部分を縫う。
6 ひもを通す。

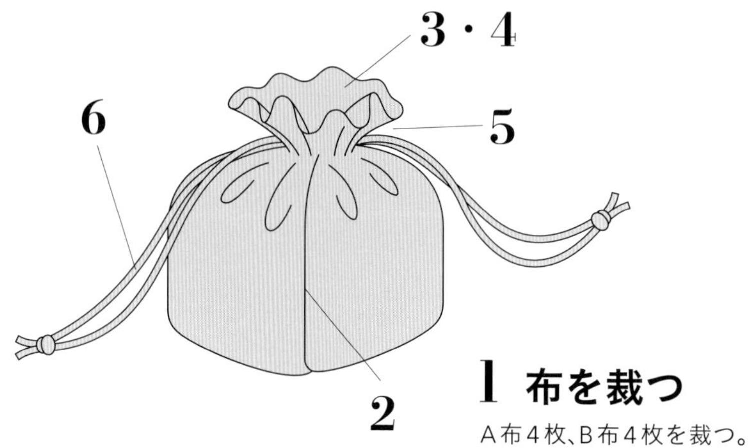

1 布を裁つ

A布4枚、B布4枚を裁つ。

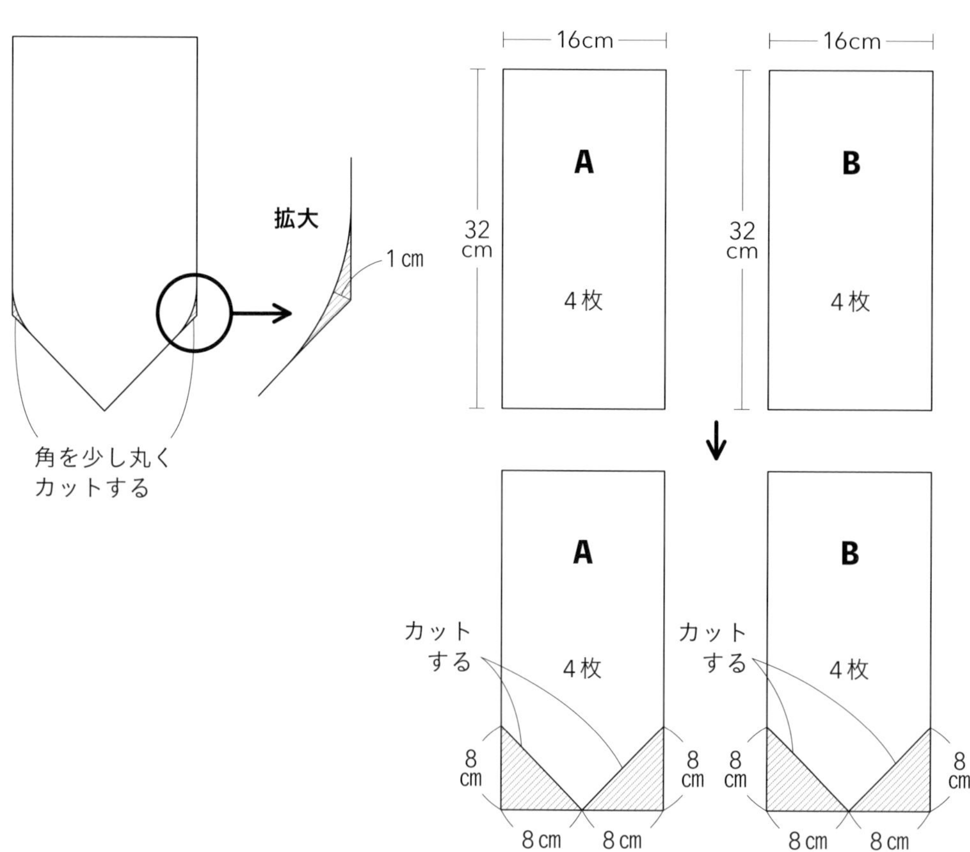

作り方を
動画でも
チェック

2 A布4枚を縫う

3 B布4枚を縫う

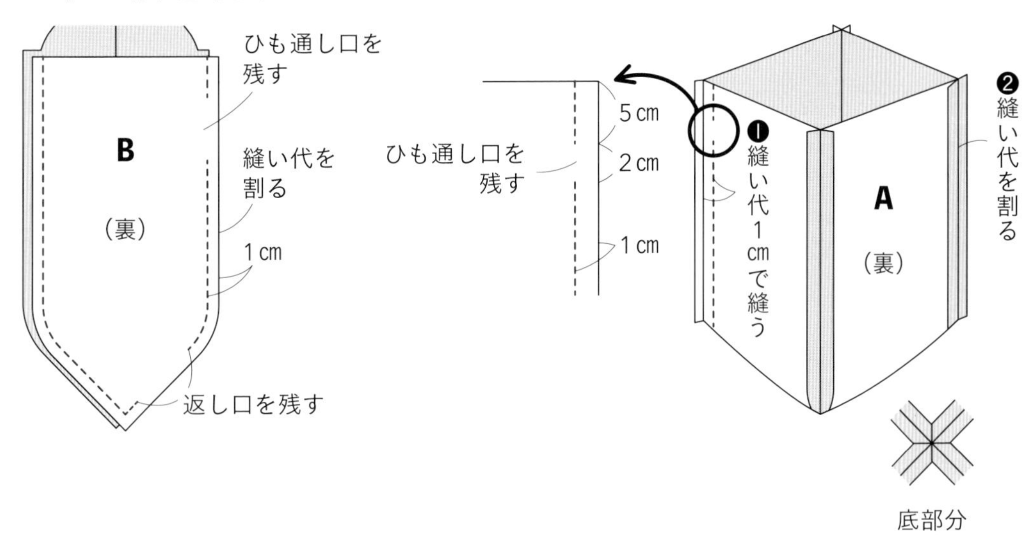

4 AとBを中表にして入れ口を縫う

5 表に返して返し口をとじ、ひも通し部分を縫う

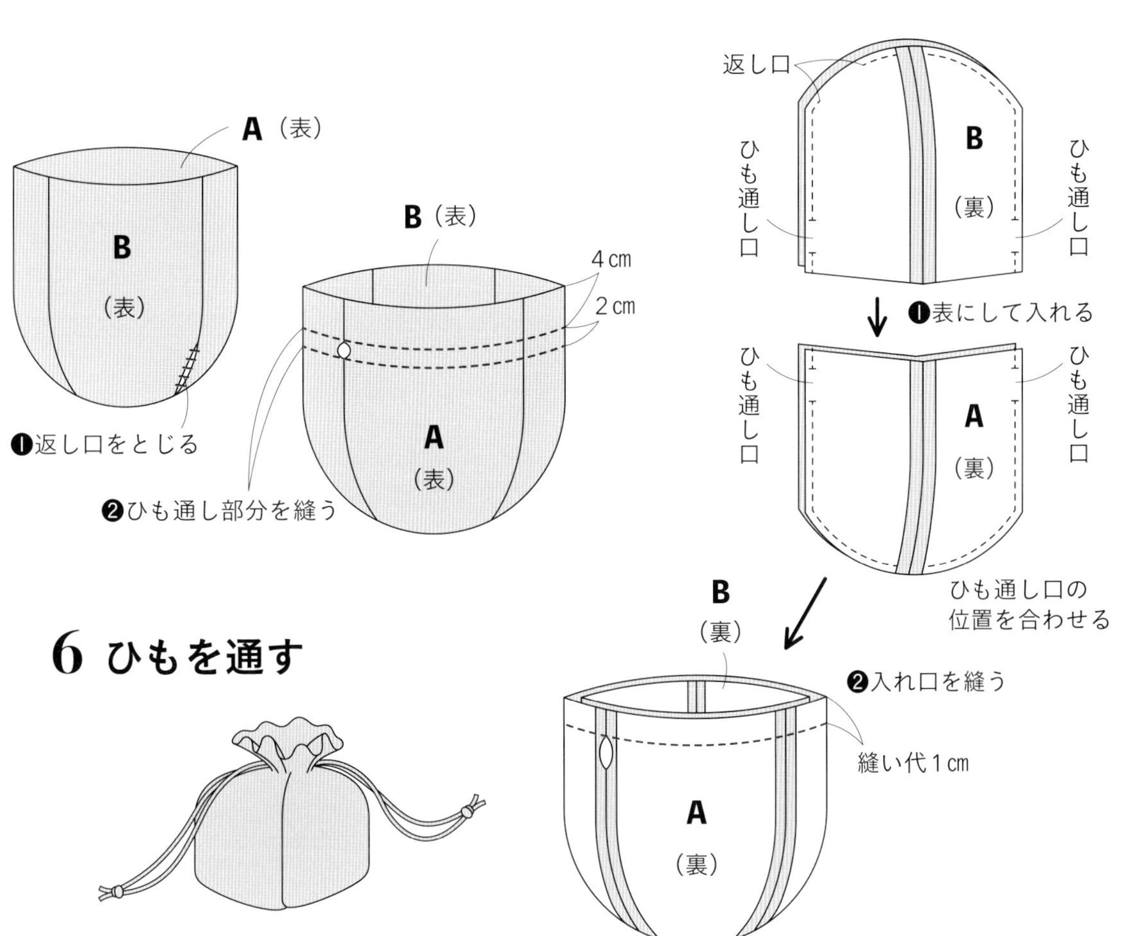

6 ひもを通す

まんまるクッション

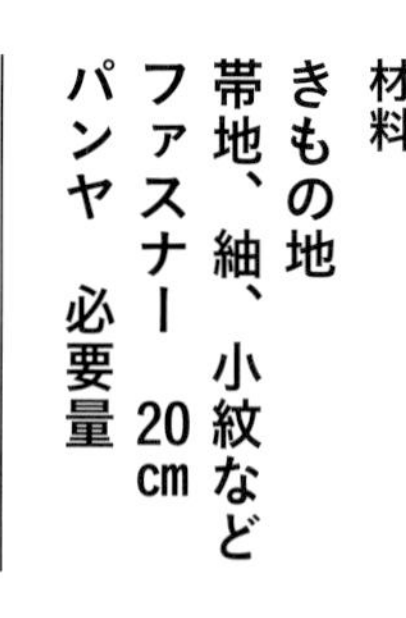

材料
きもの地
帯地、紬、小紋など
ファスナー　20cm
パンヤ　必要量

工程
1 布を裁つ。
2 ２枚を中表にして縫い合わせる。４組作る。
3 ２を中表にして縫い合わせる。２組作る。
4 ファスナーをつける。
5 残り部分を縫い合わせる。
6 表に返してパンヤを入れる。

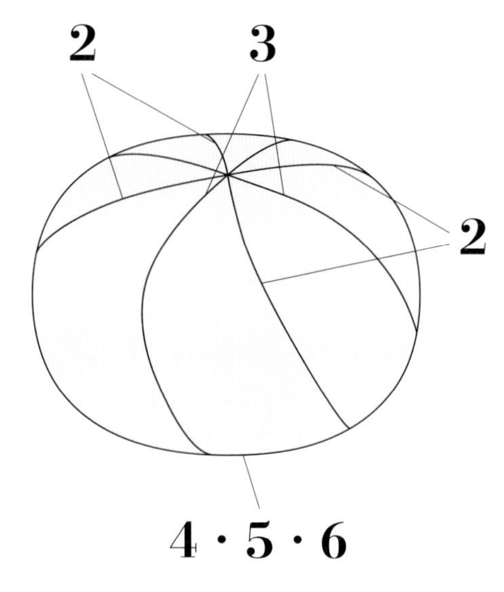

1 布を裁つ

作りたい大きさの寸法で、布を８枚裁つ

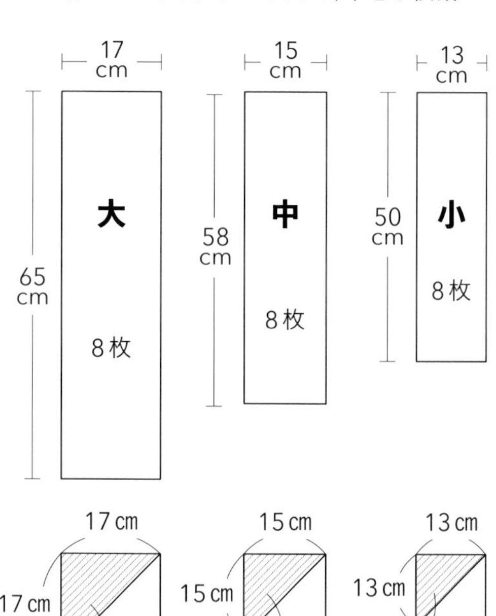

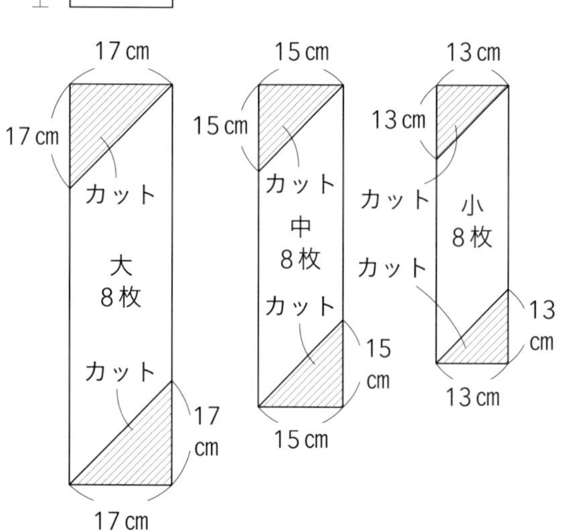

作り方を
動画でも
チェック

2 2枚を中表にして縫い合わせる。4組作る

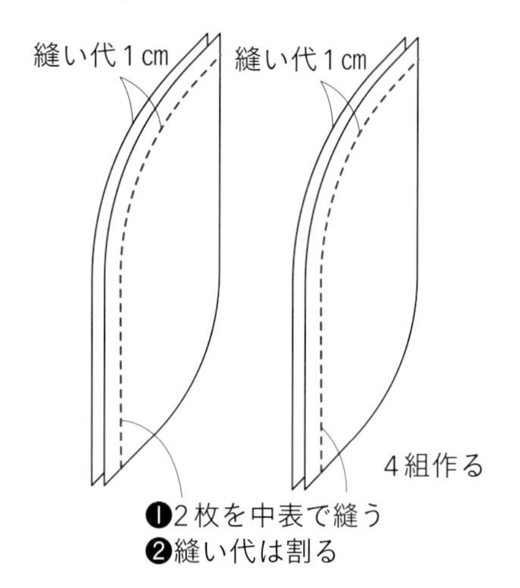

❶2枚を中表で縫う
❷縫い代は割る

3 2を中表にして縫い合わせる。2組作る

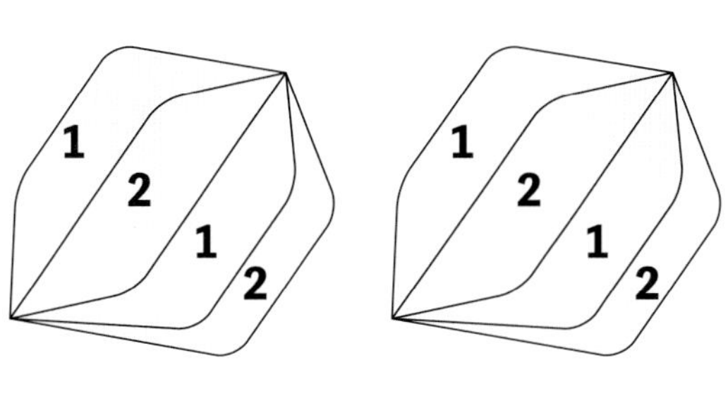

❶さらに2枚ずつ中表で
縫い合わせる
❷縫い代は割る

2組作る

4 ファスナーをつける

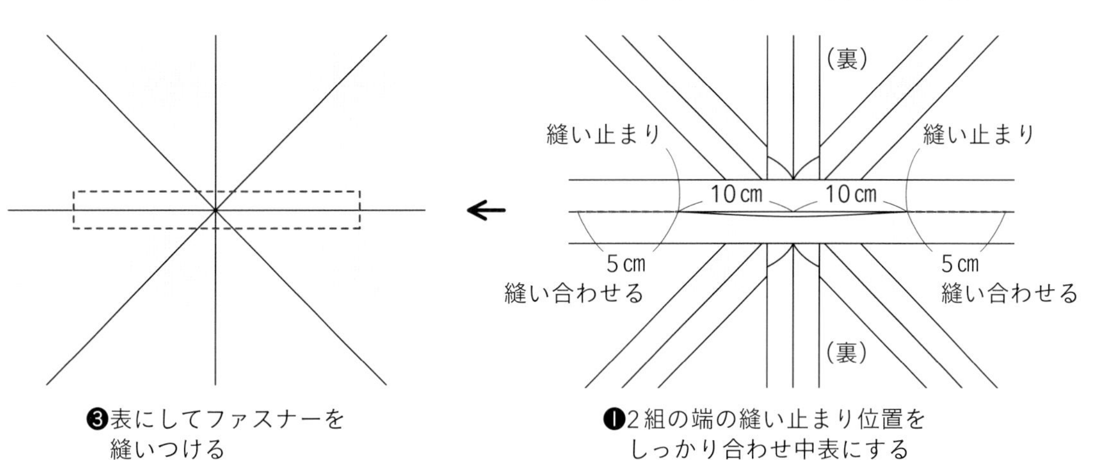

❶2組の端の縫い止まり位置を
しっかり合わせ中表にする
❷縫い止まり位置から左右10cm
ずつ計20cmを残して左右5cmずつ縫う

❸表にしてファスナーを
縫いつける

5 残り部分を縫い合わせる

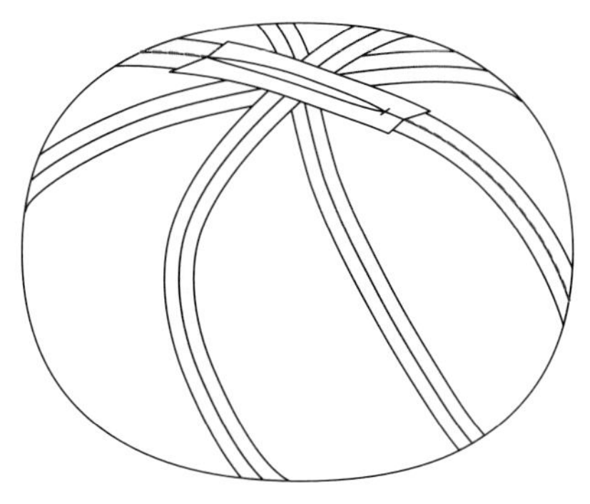

ファスナーを開いてまだ縫い合わせて
いない残り部分を縫い合わせる

6 表に返してパンヤを入れる

表に返してパンヤをつめる

リバーシブル フードスヌード

作り方 108ページ

フードとして、スヌードとして、かけ衿として、好きなように巻いて、かぶる。うすもののリバーシブルで作れば、春や秋の日差しの強い日にも重宝。

リバーシブルフードスヌード

材料
きもの地
帯地、紬、小紋など
型紙　本体

工程
1 布を裁つ。
2 中表にしてフード部分のカーブを縫う。
3 前部分を縫う。
4 後ろ部分を縫う。
5 一旦表に返し、底部分を中表にして縫う。
6 裏に返して、縫い残し部分を縫う。
7 フードの縫い代を縫い止める。
8 表に返して、返し口をとじる。

2 7 3 8 4 6 5

1 布を裁つ

型紙でA、Bそれぞれ裁つ。

A　A　片面　1枚　1枚

2 中表にしてフード部分のカーブを縫う

❶A、Bそれぞれ、フードのカーブ部分を中表で縫う

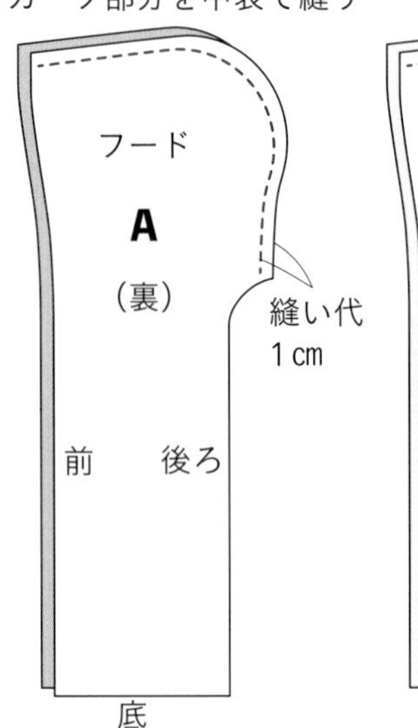

❷縫い代は割る

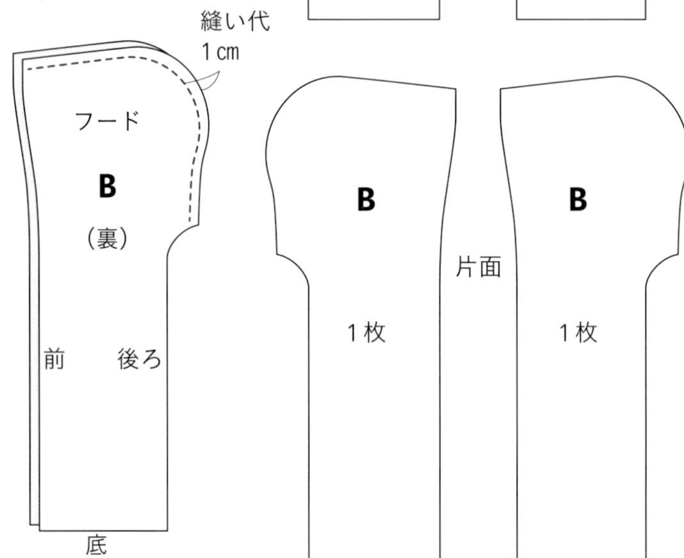

作り方を
動画でも
チェック

3 前部分を縫う

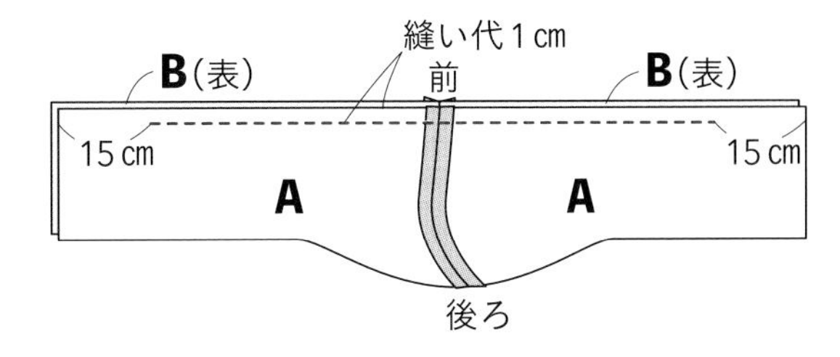

❶AとBの前側を中表で縫い合わせる
両サイド15cmずつ縫い残す

❷縫い代は割る

4 後ろ部分を縫う

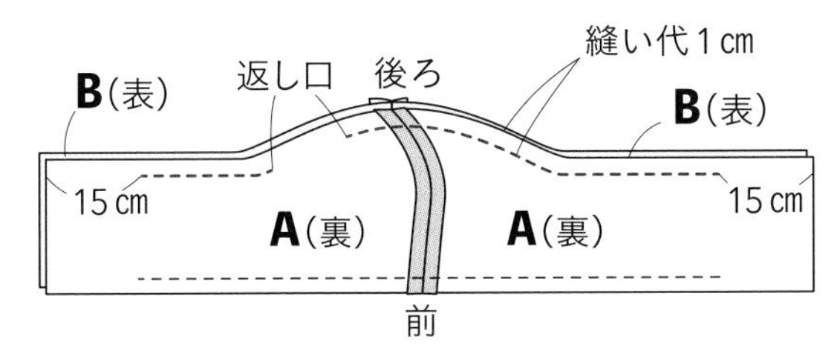

❶AとBの後ろ側を中表で縫い合わせる
両サイド15cmずつを縫い残す
返し口を縫い残す

❷縫い代は割る

5 一旦表に返し、底部分を中表にして縫う

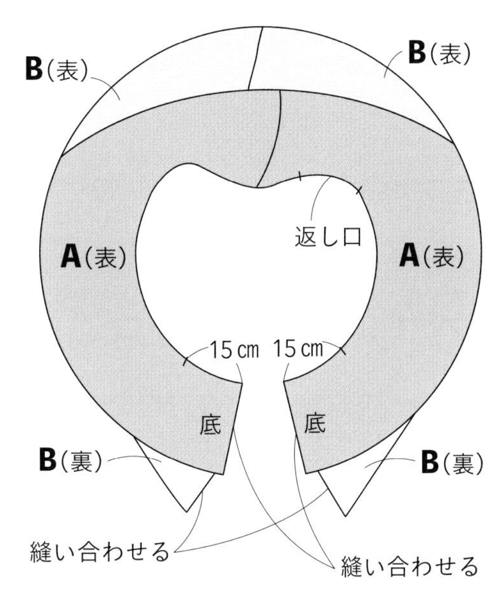

❶Aの底どうしを中表で縫う

❷Bの底どうしを中表で縫う

6 裏に返して、縫い残し部分を縫う

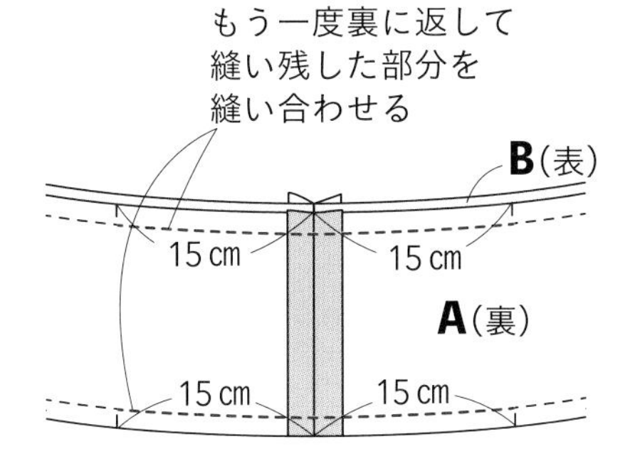

7 フードの縫い代を縫い止める

フードのカーブ部分
縫い代4枚を
縫い線の外側で縫い止める

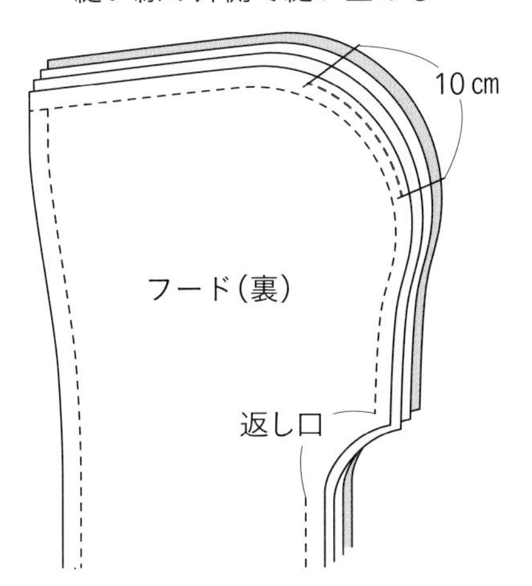

8 表に返して、返し口をとじる

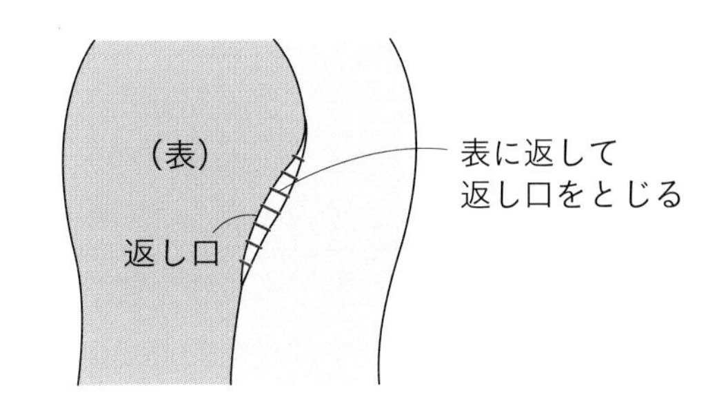

古きものはどこで買う?

リサイクルきものショップ

最後に、古きものを手に入れるための情報をお伝えします。

私が古きものを買っているのは、おもにリサイクルショップ。最近ではネットショップも多くなりました。知り合いやYou Tubeコミュニティで教えてもらったネットショップで購入することもあります。

フリーマーケットアプリのメルカリなどでも購入できます。私もメルカリで激安きものを見つけたりしています。

よくお世話になっているお店は、地元・名古屋の「KOMEHYO」や岐阜の「夢一門」、大阪にある「桜屋」「彩夏」など。静岡の「かねた忠右衛門」ではYouTubeの取材もさせていただきました。

ここで紹介するどのお店も、いいきものが驚くほど安い値段で販売されています。

骨董市も楽しい

骨董市でも古きもののお店がたくさん出店しています。私はよく、名古屋の大須観音の骨董市に足を運んでいます。大須観音の境内では、毎月18日と28日に骨董市が開催され、その後、京都や大阪へまわるそうです。

毎月21日に行われている京都の東寺弘法市も有名です。今回ご紹介した間道(かんどう)の端切れは、そこで見つけて買ってきました。

ふだんは静かな東寺ですが、この日だけは全国からマニアが訪れます。東寺は弘法大師空海のお寺で、3月21日が空海の入滅した日。そのご供養が今日の弘法市につながっているそうです。

全国各地に有名な骨董市がありますから、ぜひお近くの骨董市に足を運んでみてはいかがでしょう。

写真右 名古屋・大須観音の骨董市。いつもたくさんの人でにぎわっています。みなさんお目当てのお店があるみたい。
写真左 地元なのでよく足を運んでいる「KOMEHYO名古屋本店きもの館」。前著の作品展も開催していただきました。

おすすめの古きもの店

KOMEHYO名古屋本店きもの館

愛知県名古屋市中区大須2-19-22
電話　052-203-0116
営業時間　10:30〜19:00
休業日　不定休

私がよく行く地元のリユースショップ。常時8000点以上の品ぞろえの豊富さが魅力で、高価で上質なきものもお手頃価格で販売されています。色札で分けられたきものは月に3回の値下げが行われ、最安値100円のものも！

かねた忠右衛門　本店
かねた忠右衛門　佐鳴台店

本店　静岡県浜松市中区中央3-6-28
佐鳴台店　静岡県浜松市中区佐鳴台4-9-13
電話　0120-334454
携帯からは053-454-3660（2店舗共通）
営業時間　本店／10:00〜18:00
佐鳴台店／10:00〜17:00
休業日　本店・佐鳴台店　水曜定休

創業1926年。敷居の低いきもの店。きもの初心者向けのものから、人間国宝の希少な作品まで幅広く取りそろえています。リメイクにぴったりなお手軽きものや帯はなんと110円から！　SNSで発信されるイベント情報も必見です。

激安着物桜屋

大阪府堺市東区白鷺鷺町3-15-3
電話　072-370-3529
営業時間　10:00〜17:00（平日）
10:00〜13:00（第1・3土曜）
休業日　第2・4土曜、日曜、祝日

シミありなどのリメイク用きものは100円から、訪問着や振袖など品質のよいものも1万円前後で買えるリユースショップ。インスタグラムの@benefitoceanではメルカリなどネット販売の情報も発信しています。

¥1000Kimono彩夏

大阪府吹田市広芝町3-29　306号室
http://ayakakimono.shopinfo.jp/
営業時間　11:00〜18:00
不定期営業（HPを必ずご確認ください）

その名のとおり1000円均一の古きもの店。きものはもちろん帯、小物などもそろい、初心者でも入りやすいお店です。中には500円に値下げされた商品もあるので掘り出し物を探してみて。

リサイクルきもの　夢一門

岐阜県羽島郡岐南町八剣北6-75
電話　058-246-0365
営業時間　13:00〜17:00
休業日　水曜・日曜・祝日　毎月14・30日

岐阜で有名な古きもの店。毎月開催している和服オークションで仕入れをしているので、商品の回転も速く、行く度に新しいものと出会えます。高価な品でも3万円台くらい、店頭のワゴンセールは200円から！

地球屋

群馬県北群馬郡榛東村上野原1-1
電話　0279-20-5536
営業時間　10:00〜17:00
休業日　無休

未使用のものから古着まで、値幅も100円から100万円くらいを1万点以上常備。ちりめん細工用布・キット・リメイク服も展示販売、各種教室なども開催。ギネス世界記録に登録されている13556個のつるし飾りも見どころです。

リサイクル着物 三喜屋

東京都中野区中野5-52-15 中野ブロードウェイB1
電話　03-5248-4039
営業日　10:00〜20:00
休業日　第3水曜日

季節のきもの、帯を中心に羽織、男性きものなども豊富に扱うリサイクルきもの店。きものを掛けているハンガーの色で値段がわかる仕組みで、白ハンガー＝1100円から桃ハンガー＝1万1000円まで！　月に一度の大売り出しも必見です！

吉田三世 Miyo Yoshida

1950年生まれ。手作り歴60年余り。
手作りはほぼ独学。40歳を過ぎてから、社交ダンスやオペラの舞台衣装等の製作会社を設立し、現在に至る。
2015年、子供の頃から親しんできた手芸全般を孫に向けて残しておこうと考え、YouTubeに動画投稿を開始。縫い物、編み物を含め手芸全般ジャンルを決めずに動画投稿を続けている。
2020年頃から着物のリメイクを積極的に始める。現在、チャンネル登録者数は23.3万人。著書に『世界一わかりやすい　1g＝0.5円からの古きもので作る洋服と小物』(小社刊)がある。

YouTube　Diy Soho手作り倉庫
Instagram　@diy_soho2

STAFF

撮影
中島千絵美

装丁・デザイン
渡部浩美

スタイリング
串尾広枝

モデル
葉弥

構成・文
大野雅代

イラスト・型紙・DTP
ウエイド手芸制作部

校正
鈴木初江

編集
川上隆子(ワニブックス)

制作協力
丹羽秀美
山下佑子
尾州テキスタイル工房　kagari
　宮本純子

衣装協力
CALICO : the ART
of INDIAN VILLAGE FABRICS
tel. 0742-87-1513

プリュス バイ ショセ
(plus by chausser／chausser)
tel. 03-3716-2983

原宿シカゴ 下北沢店
tel. 03-3419-2890

1着＝300円からの古きもので作る
世界にひとつだけの洋服と小物

吉田三世　著

2023年1月6日　初版発行
2024年6月20日　3版発行

発行者　横内正昭
編集人　青柳有紀
発行所　株式会社ワニブックス
〒150-8482
東京都渋谷区恵比寿4-4-9　えびす大黒ビル
ワニブックスHP　http://www.wani.co.jp/

お問い合わせはメールで受け付けております。
HPより「お問い合わせ」へお進みください。
※内容によりましてはお答えできない場合がございます。

印刷所　株式会社美松堂
製本所　ナショナル製本

ISBN978-4-8470-7266-6